传媒学学术前沿书系
ACADEMIC FRONTIER
SERIES OF MEDIA STUDIES

传播能力现代化的实践与探新

万政　闫伟奇　于浩◎著

经济日报出版社

图书在版编目（CIP）数据

传播能力现代化的实践与探新 / 万政，闫伟奇，于浩著 . —北京：经济日报出版社，2023.11

ISBN 978-7-5196-1356-3

Ⅰ . ①传… Ⅱ . ①万… ②闫… ③于… Ⅲ . ①传播 -现代化 - 研究 Ⅳ . ①G206

中国国家版本馆 CIP 数据核字（2023）第 207792 号

传播能力现代化的实践与探新
CHUANBO NENGLI XIANDAIHUA DE SHIJIAN YU TANXIN

万政　闫伟奇　于浩　著

出　　版	经济日报出版社
地　　址	北京市西城区白纸坊东街 2 号院 6 号楼 710（邮编 100054）
经　　销	全国新华书店
印　　刷	北京虎彩文化传播有限公司
开　　本	710mm×1000mm　1/16
印　　张	10.75
字　　数	118 千字
版　　次	2023 年 11 月第 1 版
印　　次	2023 年 11 月第 1 次印刷
定　　价	48.00 元

本社网址：edpbook.com.cn　　　　　　微信公众号：经济日报出版社
未经许可，不得以任何方式复制或抄袭本书的部分或全部内容，**版权所有，侵权必究**。
本社法律顾问：北京天驰君泰律师事务所，张杰律师　举报信箱：zhangjie@tiantailaw.com
举报电话：010-63567684
本书如有印装质量问题，请与本社总编室联系，联系电话：010-63567684

作者简介

万政，籍贯江西，1989年生，硕士研究生，中级职称，长期从事媒体工作。曾获第30届、第28届中国新闻奖。

闫伟奇，籍贯山东，1990年生，硕士研究生，中级职称，长期从事媒体工作。曾获第28届中国新闻奖。

于浩，籍贯河北，1990年生，硕士研究生，中级职称，长期从事媒体工作。曾获第34届中国经济新闻大赛一等奖；第31届北京新闻奖。

内容简介

随着信息技术的迅猛发展和社会的不断变革,传播能力现代化已经成为当今传媒界的热点话题。党的二十大报告提出了"加强全媒体传播体系建设"的重要任务,本书试图从"传播能力现代化"的角度,解读这一历史性的任务。本书共分为九章,从研究背景、内在要求、实践案例、创新成果等不同角度探讨当前传播能力现代化所面临的机遇和挑战,并提出可行性建议。

前　言

党的二十大报告提出"加强全媒体传播体系建设",这是党中央根据当前新闻舆论工作的新形势、新任务,审时度势、高瞻远瞩所提出的,具有极强现实指导价值与实践意义的重要论断。如何理解这一重要论断,本书试图提供一个具有较强实践性的视角。

本书共分为九章,从研究背景、内在要求、实践案例、创新成果等不同角度探讨当前传播能力现代化所面临的机遇和挑战。

第一章介绍了传播能力现代化的研究背景,主要对当前新闻信息传播环境、受众心态、舆论动向进行全面分析,并且厘清当前新闻传播的重要作用。

第二章主要分析了实现传播能力现代化的内在要求,从坚持党的领导的根本要求、站稳以人民为中心的根本立场、增强一体化的系统布局、突出创新表达的关键抓手、实现凝聚力量的前进目标、重构运行流程的机制保障六个方面,详细阐述了实现传播能力现代化的支撑架构和内在动力。

第三章主要从实践层面分析了当前全媒体传播体系建设的进展,从强化顶层设计、推动融合发展、突出内容建设、依托先进技术、加强队伍建设、涵养网络空间六个方面，对提升传播能力的实践路径进行了探究。

第四章聚焦主流媒体的实践成果，从新型主流媒体的"硬件"与"软件"、流程再造、"视觉革命"、话语创新和服务延展等方面，多元化展示当前我国新型主流媒体在传播能力现代化方面付出的努力和取得的成效。

第五章介绍传播体系建设中不同传播主体的关系，从传统媒体和新兴媒体相加相融、主流媒体和商业平台借力助力、中央媒体和地方媒体差异互补、大众化媒体和专业性媒体互鉴共进等方面诠释当前不同主体的作用，并且对进一步统筹不同传播主体关系做出了对策分析。

第六章聚焦筑牢网络传播阵地的媒体实践，从打好网络传播的"组合拳"、牵住观点传播的"牛鼻子"、守好议题设置的"压舱石"等方面展开论述，彰显了"主力军上主阵地"的重要成果。

第七章分析了传播能力现代化中的文化作用力，从"用传统文化精髓优化传播内容""用主流价值观驾驭传播技术""用中国话语扩大国际传播"三个方面，阐述了文化对于传播能力提升的关键作用。

第八章探讨了新一代信息技术，从网络基础设施、人工智能技术、智慧全媒体传播体系等角度分析技术带来的机遇与挑战，对传播主体的生产系统、数据系统、分发系统、产品系统的开发与完善进行了阐述。

第九章分析了网络治理创新，阐明了在当前互联网传播环境中，网络治理对于传播体系建设的基础性作用，介绍了网络治理的实践概览和政策成果，并就进一步完善网络治理提出了思路与对策。

我们期待，本书的出版能够为读者观察传播能力现代化的实践成果和未来图景开辟一个视角，能够为传媒工作者和相关领域的研究者提供一份有意义的参考。

目 录

第一章 传播能力现代化的研究背景 … 1
第一节 当前新闻信息传播环境的分析 … 3
第二节 新时代新闻传播的重要作用 … 10

第二章 实现传播能力现代化的内在要求 … 19
第一节 坚持党的领导的根本要求 … 20
第二节 站稳以人民为中心的根本立场 … 22
第三节 增强一体化的系统布局 … 24
第四节 突出创新表达的关键抓手 … 27
第五节 实现凝聚力量的前进目标 … 30
第六节 重构运行流程的机制保障 … 33

第三章 全媒体传播体系建设的实践探析 … 37
第一节 强化顶层设计，筑牢意识形态阵地 … 38
第二节 推动融合发展，做大做强主流舆论 … 41
第三节 突出内容建设，构筑信息传播新高地 … 44
第四节 依托先进技术，打造传播形态新范式 … 48
第五节 加强队伍建设，培育核心竞争力 … 50

第六节 涵养网络空间，积极宣扬时代新风 …………… 52

第四章 做强新型主流媒体的守正与创新 …………… 57
第一节 新型主流媒体的"硬件"与"软件" …………… 59
第二节 新型主流媒体的流程再造 …………… 62
第三节 新型主流媒体的"视觉革命" …………… 65
第四节 新型主流媒体的话语创新 …………… 67
第五节 新型主流媒体的服务延展 …………… 70

第五章 统筹把握不同传播主体的关系与作用 …………… 75
第一节 传统媒体和新兴媒体相加相融 …………… 76
第二节 主流媒体和商业平台借力助力 …………… 78
第三节 中央媒体和地方媒体差异互补 …………… 80
第四节 大众化媒体和专业性媒体互鉴共进 …………… 83
第五节 统筹不同传播主体关系的对策分析 …………… 85

第六章 筑牢网络传播阵地的媒体实践 …………… 91
第一节 积极适应网络传播的媒体实践 …………… 92
第二节 打好网络传播的"组合拳" …………… 95
第三节 牵住观点传播的"牛鼻子" …………… 97
第四节 守好议题设置的"压舱石" …………… 102

第七章 传播能力现代化中的文化作用力分析 …………… 109
第一节 用传统文化精髓优化传播内容 …………… 110
第二节 用主流价值观驾驭传播技术 …………… 113
第三节 用中国话语扩大国际传播 …………… 118

第八章 新一代信息技术带来的机遇与挑战 …………… 125
 第一节 媒体实践新一代信息技术概览 …………… 126
 第二节 网络基础设施夯实融合发展根基 …………… 128
 第三节 人工智能引发媒体生产新思考 …………… 133
 第四节 加快完善智慧全媒体传播体系建设 …………… 140

第九章 网络治理创新的实践探析 …………… 143
 第一节 网络治理的实践概览 …………… 144
 第二节 创新网络治理的实践成果 …………… 149
 第三节 完善网络治理的思路与对策 …………… 153

后记 …………… 159

第一章
传播能力现代化的研究背景

党的二十大报告提出："加强全媒体传播体系建设，塑造主流舆论新格局。"① 这是党中央根据当前新闻舆论工作的新形势、新任务，审时度势、高瞻远瞩所提出的，具有极强现实指导价值与实践意义的重要论断。当前全程媒体、全息媒体、全员媒体、全效媒体加速迭代，万物皆媒、万物互联深度重构传统意义上的媒介架构。构建全媒体传播体系，是当今媒体传播领域极其重要的发展趋势之一。

而实现传播能力现代化，是构建全媒体传播体系的必然路径，也是实现"物质文明和精神文明相协调的现代化"的关键一环。研究传播能力现代化，首先需要对当前传播环境、受众心态、舆论动向进行深入分析与掌握，并且厘清当前新闻舆论工作者所要承担的职责使命，才能更好地对这个新课题进行解答。

---

① 习近平.高举中国特色社会主义伟大旗帜　为全面建设社会主义现代化国家而团结奋斗——在中国共产党第二十次全国代表大会上的报告［N］.经济日报，2022-10-26（4）.

第一节　当前新闻信息传播环境的分析

在当前的新闻传播环境中，传播方式和载体越来越多元，新兴媒介的快速发展，越来越多的信源和渠道，伴随着信息技术的进步不断涌现、迭代，极大地丰富了传播的路径，让新闻传播不再局限于传统媒体，向更为广阔的领域扩展，同时也给新闻舆论工作带来了前所未有的机遇和挑战。

一、深度重构的媒介生态

媒介形态包括传统媒介（如报纸、电视、广播等）和新兴媒体（如互联网、社交媒体、资讯类移动客户端等），影响媒介环境的因素包括传播速度、传播范围、传播形式、传播效果等。

随着5G、大数据、人工智能等新技术的广泛应用，人们的日常生活发生了巨大的变化。新技术不仅改变了生活方式，也深刻地重塑了人们使用媒介的习惯。如今，社交媒体和移动设备已成为信息集散的最主要途径，新技术极大地改变了信息传播的速度与范围，丰富了传播形式，同时也让传播效果有了更为直观和量化的标准，深度重构了媒介环境。

深度重构的媒介生态引发了信息传播的深层次变革。处于信息爆炸的时代之中，人们每天都会接收并处理大量信息，但每个人的接收能力是有限的，信息量过大就会导致信息超载。

信息超载的直接结果是人们注意力分散，过于碎片化的信息形态往往让读者浅尝辄止，只看到信息的表面，影响对重要信息的理解和认知；而算法技术的出现，让人们选择性地接收信息，越关注越接受，信息茧房、观点偏见现象随之出现。信息超载与算法无序，让舆论环境变得浮躁与情绪化，不利于构建健康向上的舆论生态。

深度重构的媒介生态影响了舆论话语权的分配。传统媒体的话语权受到了挑战，舆论话语权呈现出分散化和多元化的特征。

曾经，传统新闻媒体作为主流媒介，具有高度的话语权，而新型媒介的普及和发展，让每个人都拥有了"话筒"和"传声器"，个人观点和意见通过社交媒体等平台传播，形成了一个庞大的舆论圈，增加了传统媒体主动掌握舆论话语权的难度，导致传统媒体式微，舆论的"平衡木"更加倾向于新媒体。

深度重构的媒介环境改变了舆论监督的形态。新的媒介环境对于舆论监督的效果有着重要的影响。

舆论监督的主体、形式和效果发生了变化，公众成为舆论监督的重要主体，技术进步使得舆论监督的形式更加多样，舆论监督的效果也更加直接和实时。舆论监督的覆盖范围和深度增加、透明度和公开性增强，人们能够更加直接地了解舆论监督的情况和效果。与此同时，舆论监督的难度和挑战也随之加大，信息爆炸和媒介"野蛮生长"，许多自媒体缺乏"把关人"意识，公众获取和辨别信息真伪的难度增加，使得网络舆论监督呈现出某些混乱和非理性的状态，削弱了舆论引导的效果。

二、不断巩固的文化自信

我国是一个历史悠久的国家，中华民族几千年文化绵延不断，文化自信源远流长。虽然在近代，我国遭受了诸多的外来侵略和战争，文化自信受到严重打击，但中华人民共和国成立以后，我们逐渐走向繁荣富强，文化自信得以重振。改革开放以后，中国共产党坚持物质文明和精神文明两手抓、两手都要硬，推动社会主义文化繁荣发展，振奋了民族精神，凝聚了民族力量。党的十八大以来，我国意识形态领域形势发生全局性、根本性转变，全党全国各族人民文化自信明显增强，全社会凝聚力和向心力极大提升。

一方面，国人对历史文化和传统价值观念的认同感越来越深厚。新国潮兴起，传统文化元素在影视、音乐、文学等领域得到了广泛应用与发展，不仅丰富了人们的精神生活，也为外国人更好地认识和了解中国传统文化提供了机会。

另一方面，国人对发展成就的自豪感越来越强烈。我国是世界上第二大经济体，中国发展经验举世瞩目；在高铁、桥梁、航天等科技领域屡屡取得重要突破，为世界科技进步做出了重要的贡献；在奥运会、冬奥会等重大国际体育赛事中展现了顽强的拼搏精神和亮眼的成绩单，一次又一次地激发了民族情怀。

无论是在海外撤侨中万里归途不离不弃，还是疫情防控中始终把人民生命安全和身体健康放在第一位；无论是全面建成小康路上一个都不能少，还是中国共产党人实现共同富裕的初心，在中国共产党领导下的中国，用一个又一个的实际行动，诠释了中国精神、中国价值、中国力量，巩固了全党全国各族人民团结奋斗的共同思想基础，也为当前构建良好传播生态筑牢了基本盘。

此外，随着中国经济实力的增强，国人的心态也在不断向着更加包容、开放与自信的方向发展。"平视"，成为当代中国人面对外国人的较为普遍的态度与现象。这一现象也为我们研究公众心态提供了角度。

首先，"平视"体现了国人对不同文明形态的客观认知与尊重。随着教育水平的提高、国际交流的增多，越来越多的国人开始了解和接触不同国家和地区的文化，通过交流互鉴，逐渐完善自己的文化认知。信息技术的快速发展，也为人们提供了更为多样的信息来源，使得人们的认知不断向纵深扩展，更加平等理性地对待其他文化。其次，随着我国的国际地位不断提升，中国越来越多地站在"聚光灯"下，中国文化的影响力也在不断扩大。越来越多的外国友人开始了解、学习、研究甚至热爱中国传统文化，在这种背景下，国人能够更加自信地展现自己的文化特色，不再过分地崇拜外国文化。最后，中外友好交流和互动也促进了经济和文化的发展，增进了不同民族之间的了解和友谊。

当然，日益开阔的国际视野不仅是社会心态的变化，也是媒体能力的提升。经过多年的发展，特别是党的十八大以来，我国国际传播能力大幅度提升，在一些关键领域取得了较为明显的突破：海外分支机构增多，初步建成覆盖广泛、技术先进、反应敏捷的新闻信息采集和传播网络；驻外机构本土化程度进一步提高，拓展了人脉资源，赢得了文化优势，提高了新闻的时效性和针对性；新闻信息采集加工传输能力不断增强,中央主要外宣媒体的国际新闻报道能力均大幅提升;海外市场的进一步拓展,加强了媒体终端建设和市场化运作,市场覆盖范围更加广泛,海外用户数量不断增加;中国媒体倡议发起的"一带一路"新闻合作联盟、世界媒体峰会、金砖国家媒体峰会等组织,成为全球媒体交流的重要平台。[1] 中国媒体逐步进入世界媒体舞台中央,正加快从规则的遵从者转变为规则的制定参与者。

同时,不可否认的是,我国与发达国家的国际传播能力还有着较为明显的差距,国际舆论弱于西方的态势尚未得到根本改变。"中国声量"与"中国体量"还不相称。我们迫切需要形成与我国"硬实力"相匹配的"软实力",而日益广阔的国际视野与开放包容的心态,为这一需求提供了心理准备和人才储备。

三、复杂多变的舆论生态

"舆论生态"是指舆论主体、本体、载体、环境等各要素在舆论的形成、传播以及消解过程中相互影响、相互制约而形成的自我演化系统。新兴技术的发展,使得网络舆论生态发生了显著、深刻的变化。[2]

在全球化与互联网的背景下,舆论形成具有自发性、突发性、公开性、多元性、匿名性、无界性、难控性等特点。社交媒体使得信息

---

[1] 新华通讯社课题组. 学习习近平关于新闻舆论的重要论述 [M]. 北京:新华出版社,2022:162.
[2] 新华通讯社课题组. 学习习近平关于新闻舆论的重要论述 [M]. 北京:新华出版社,2022:108.

传递更加快速与便捷，让公众成了信息的生产者，改变了专业媒体的新闻叙事、生产、分发逻辑。"去中心化"的社交媒体为公众提供了表达情感和观点的平台，同时也放大了情绪对于舆论的影响力。在复杂多变的舆论生态中，理性声音与情绪化表达并存，正能量与负能量碰撞，事实与谣言交织。

在这个背景下，要正视舆论环境的驳杂与难测，笔者认为，当前有五个现象需要格外重视。

第一，舆论主体多元化。舆论主体多元化意味着更多的人可以参与到舆论的表达和传播中来。这不仅提高了舆论的参与度，还扩大了舆论的影响力。在多元化的舆论环境中，每个人都可以通过各种渠道表达自己的观点和看法，这对社会舆论而言是一把"双刃剑"，虽有利于舆论环境的改善，但也存在一些负面影响。

舆论主体多元化容易导致信息失真，许多不专业甚至别有目的的主体也可以发布信息，容易导致虚假新闻的传播，从而误导公众，影响社会稳定和公共利益；某些主体过于极端或偏激的表达，容易引发社会的不满和抵制，甚至导致社会分裂和对立加剧。

第二，舆论信息飞沫化。新媒体的快速发展促使传播渠道多样化，多样化传播渠道的异质性导致信息在传播过程中分散、分裂。

舆论信息飞沫化导致信息碎片化，信息的传播越来越分散，导致人们接收的信息会更加碎片化，很难从中获得全面和准确的信息。飞沫化传播还会加剧信息传播的不确定性，挑战信息的公共属性，由于接收信息过载，人们更关注自己感兴趣的观点，而忽略了信息的公共性，对公共利益造成挑战。

第三，舆论观点情绪化。即时性、碎片化的信息表达机制，让人们接收信息时缺乏理性思考的时间，思维输出更偏向于感性，信息形式充满随意性和情绪性。

舆论观点情绪化导致信息失衡，过度强调情感化的表达方式，将忽略信息的客观性；过于情绪化的表达容易引发舆情波动，面对某个事件或话题时，受到情绪的过度影响，表现出主观、片面的态度与认知，让舆论向失控的方向发展；同时，过度的情绪化可能导致舆论受到操控，使人们的态度受到外部势力的影响，导致观点偏颇与认知偏差。

第四，舆论搭车普遍化。在某一事件或话题的热度过高时，某些人或组织利用这一热点话题，通过发表相关观点或表达自己的诉求，达到宣传或推销自己的目的。

舆论搭车普遍化加剧了舆论场上的噪声，过多的信息和观点涌入舆论场，干扰公众对事件的认识和判断；搭车者数量庞大，诉求表达方式多样，观点和信息相互冲突，导致舆论场的秩序混乱，使得公众难以区分事实和谣言；有些搭车者在"蹭热点"时"夹带私货"，使得公众难以获得客观的信息。

第五，舆论斗争尖锐化。当前，随着我国越来越走向世界舞台的中心，网上舆论的斗争日趋复杂与尖锐，网络舆论对政治、经济、生活秩序和社会稳定的影响与日俱增。

舆论斗争尖锐化带来思想观点和价值取向的激烈碰撞，境外势力将互联网作为对我国渗透破坏的主要渠道，"中国威胁论"频频抬头，还有人自觉或不自觉地跟随敌对势力步伐，盲目相信有害观点，污染网络环境；尖锐化的斗争形势也非常考验舆论管理者和引导者的能力，对于舆情事件一旦处置不当，极有可能放大不良情绪，甚至将负面影响蔓延至线下，危及社会稳定；同时，网络舆论斗争涉及方方面面，每时每刻都在发生，增加了网络生态空间的风险，虚假事实和有害信息防不胜防，网络治理难度大大提升。

舆论主体多元化、舆论信息飞沫化、舆论观点情绪化、舆论搭车普遍化和舆论斗争尖锐化，是当前舆论生态中不能回避的挑战，也是实现传播能力现代化需要着力解决的问题。

综上所述，当前新闻信息传播环境已经发生了巨大的变化，要用辩证的思维应对变局，既要见其"深流"，也要拂其"泡沫"；既要正视问题，更要坚定信心。媒体要不断通过数字化转型来提升技术水平，借助社交媒体等平台拓展话语权的渠道，发挥内容生产优势吸引更多的受众，牢牢占领互联网主阵地和信息传播制高点。

第二节　新时代新闻传播的重要作用

随着全媒体时代的到来，新闻传播已经不再局限于传统媒体，而是涉及各种数字化平台和社交媒体。在这个全媒体的时代，新闻传播的影响覆盖面是前所未有的，需要迎接的挑战也是史无前例的，必须以更高的政治站位和战略视角来看待这个问题。

第一章　传播能力现代化的研究背景

一、肩负"长治久安"的社会责任

"文章者,经国之大业,不朽之盛事。"在党和国家事业发展中,新闻舆论工作发挥着不可替代的作用。舆论导向正确,就能凝心聚力,推动事业发展进步;舆论导向错误,就会动摇人心、瓦解斗志,危害党和人民的事业。

要肩负起"坚定信仰"的重任。新闻舆论可以成为正面力量,也可以成为负面力量。做好新闻舆论工作,关键是要引导人们坚定理想信念、筑牢精神之基,坚定对马克思主义的信仰,对社会主义和共产主义的信念,对中国特色社会主义道路、理论、制度、文化的自信。舆论阵地没有真空地带,各种各样的声音无时无刻不在传递着,正确的思想舆论不去占领,就必然被各种错误的思想舆论占领。

美国从20世纪50年代开始,就形成了一份对华工作所谓的"十条诫令":提出要最大可能使用物质来引诱和败坏中国的青年,鼓励他们蔑视并反对他们原来所接受的思想教育,尤其是共产主义教育;为中国的青年创造对色情产生兴趣的机会,进而鼓励他们进行性的滥交;让中国的青年不以肤浅、虚荣为耻;一定要毁掉中国人一直强调的吃苦耐劳精神;一定要把中国青年的注意力从以政府为中心的传统引开来,让他们的头脑集中于体育表演、色情书籍、享乐、游戏、犯罪性的电影以及宗教迷信;等等。① 美国是这么说的,也是这么做的。我国每年扫黄打非行动打掉的色情网站,有相当大的一部分来自

---

① 程美东. 北京大学理论名家大讲堂 [M]. 北京:人民出版社,2021:14.

境外、来自美国。无数的经验都告诉我们，一个国家的瓦解，往往都是从思想领域开始的。党和人民如果不能掌握新闻舆论阵地，就可能犯颠覆性错误。对此，我们必须想得明白、看得透彻，必须增强主动性、掌握主动权、打好主动仗，牢牢将意识形态工作的领导权、新闻舆论的话语权掌握在手中。

要肩负起"凝心聚力"的重担。人心向背关系党的生死存亡，赢得人民信任，得到人民支持，党就能够克服任何困难，就能够无往而不胜。伴随经济发展与综合国力的提高，人们对于在新的历史条件下夺取新时代中国特色社会主义新胜利的信心不断巩固。与此同时，媒介环境的深度重构与舆论生态的复杂多变，导致主流声音引导社会舆论的难度越来越大，凝心聚力的任务愈发繁重。

在前进的道路上，物质和精神的力量缺一不可。只有物质文明和精神文明都建设好，我们国家的物质力量和精神力量都增强，全国各族人民物质文明和精神文明水平都提升，中国特色社会主义事业才能顺利向前推进。我们要从巩固全党全国各族人民团结奋斗的共同思想基础的战略高度出发，把做好新闻传播作为培育和弘扬社会主义核心价值观的重要抓手，凝聚社会共识，加快构建社会主义核心价值体系，努力抢占价值体系的制高点。

要肩负起"伟大复兴"的重责。当前，我们比历史上任何时期都更接近实现中华民族伟大复兴的目标，但距离这个目标越近，我们越不能懈怠，越要加倍努力。

新形势下，党要带领人民有效推进"五位一体"总体布局和"四个全面"战略布局，带领人民实现"两个一百年"奋斗目标、实现中华民族伟大复兴的中国梦，就要做好引导人民思想的工作，做好这项工作，新闻舆论的导向性至关重要。在实现中国梦的道路上，我们必须走中国道路，走中国特色社会主义道路，必须弘扬中国精神，弘扬以爱国主义为核心的民族精神，必须凝聚中国力量，凝聚全国各族人民伟大团结的力量。新闻工作者，要以历史的自觉承载时代的担当，在新闻传播中彰显中国道路、体现中国精神、汇聚中国力量，实现传播能力的现代化。

二、履行"守土尽责"的职责担当

当前，媒体格局、舆论生态、受众对象、传播技术都在经历深刻变革，随着移动终端的迅速普及，信息传播呈现出移动化、个性化、智能化、数据化等特点，舆论形成与扩散模式发生重大变化，网络日渐成为舆论斗争的主阵地。读者在哪里，受众在哪里，新闻传播就要触达到哪里，新闻舆论工作的着力点和落脚点就要放在哪里。

新闻工作者必须积极适应舆论环境变化，向互联网，特别是移动互联网挺进，推动工作方式方法创新与发展，占领网络舆情主阵地，守土有责、守土负责、守土尽责，提高舆论引导的影响力和传播效果。

要持续壮大网上主流音量。近年来，许多媒体机构都投身互联网大潮，纷纷实施融合发展战略，在流程再造、议题设置、内容生产、舆论引导等方面取得长足进步。但舆论斗争如逆水行舟，网络负面力量五花八门、花样迭出、防不胜防。

新闻媒体要不断研判新形势、新问题，旗帜鲜明做强网上正面宣传，及时发布权威信息和声音，引导公众正确看待事件和问题，自觉抵制不良信息和谣言的传播，树立起媒体的公信力和权威性，积极传播社会正能量，弘扬社会正气，引导舆论环境向积极健康的方向发展；要持续不断加强网络内容建设，用好内容奏响主旋律，挖掘和放大"身边的感动"，顶起"平凡英雄"，倡导"最美精神"，让正能量充盈于网络，促进正能量真正变成大流量；要研究吃透网络传播规律和表达方式，善用鲜活生动的"网言网语"，在"春风化雨"中涵养舆论生态，让广大网民愿意听、愿意信，筑牢听党话、跟党走的思想根基。

要积极培育向上向善的网络文化。我国网民规模达10.67亿人，互联网普及率达75.6%。[①] 网络空间已经成为亿万网民共同的精神家园，网络文化是新闻舆论工作的重要部分，也是建设社会主义文化强国"拼图"中极其重要的一部分。培育积极健康、向上向善的网络文化，要持之以恒增强文化自觉，坚定文化自信，深刻认识和自觉维护中华优秀传统文化，用社会主义核心价值观和人类优秀文明成果涵养舆论底蕴；要加强文化创新和文化教育，丰富网民的精神文化生活，提升我国网络文化的影响力，推动网络文化繁荣发展。

新闻媒体作为网络文化建设的重要主体，要注重价值导向，传递积极向上、正面健康的价值观念，倡导正确的社会风尚和行为方式；要创新报道形式，推出更多格调高雅、贴近受众、服务性强的新闻产品，满足多样化的信息需求；要强化内容监管，及时清理网络谣言和

---

① 中国互联网络信息中心网站：第51次中国互联网络发展状况统计报告［R/OL］.（2023-03-03）［2023-05-10］. https：//www.cnnic.cn/n4/2023/0303/c88-10757.html.

各类有害信息，完善内容，及时把关，守好纪律底线，坚决不制作、不发布、不传播非法有害信息；要注重社会责任，关注弱势群体和社会公益事业，发挥媒体的舆论监督和正面引导作用，促进社会文明进步。

要引导提高网民的网络素养。网民是网络社会的细胞，提高网民的网络素养是做好网络舆论引导工作的关键一环，是关系到网络长远发展、建设网络强国的关键因素。

网络素养是指网民在使用网络时所具备的知识、技能和态度，包括网络安全、信息素养、网络道德等方面。网络素养的提升非一朝之事、一夕之功，需要各方协同发力、全面推进。新闻媒体要发挥所长、聚焦重点，着力培养中国好网民。要加强信息安全教育，加强网民的信息安全意识和防范网络攻击的能力；要引导培养网络道德，帮助网民了解网络公德心、网络礼仪等方面的知识，倡导健康上网，维护网络秩序和稳定；要筑牢网络法治屏障，加强法律法规宣传，强化案例教育，引导网民用法律标准规范言行，自觉遵法守法；要鼓励参与网络建设，帮助了解网络公益，鼓励网民为网络发展做出贡献。

三、破解"创新引领"的现实课题

在信息时代的背景下，知识更新周期大大缩短，多种多样的新知识、新事物、新情况以前所未有的速度涌现。而新闻工作是一门"杂学"，涉及范围广，所面临的新变化、新问题、新困难更多，传统媒体环境下的知识结构与知识储备已经不能满足工作需要。

创新是新闻工作持续保持生命力与活力的必然要求，适应时代变革和社会发展的现实需要，是维护媒体公信力和权威性的重要保障。近年来，媒体进行了深度探索，呈现出多元化、深度化、个性化、数据化、移动化的发展趋势，取得了可喜的成绩。但形式单一、手段不足、机制不畅等问题没有得到根本性、全局性的解决，还需要把握重点、全面突破，将创新水平推进至更高层次。

要解放思想，着力推动理念创新。水无常势，文无定法。面对当前新闻传播局面中的新情况和新问题，我们需要摆脱过去经验的束缚，以开放的思维和敏锐的洞察力，积极打破固有的常规，更好地适应全媒体时代的传播规律。我们应当深入研究用户的非线性阅读习惯，了解并把握互动化、可视化和社交化等传播特点，以此为基础增强创新活力，不断推出更多符合人民群众喜好、受欢迎的新闻产品。

要抓住关键，持续升级内容品质。好内容永远都是舆论场上的"硬通货"，也是媒体实现传播能力现代化的关键举措。在信息过载、舆论驳杂的今天，读者对于好内容的渴求远远超过以往，这对于以内容见长的传统媒体而言，有了更加广阔的施展空间。持续推进内容创新，要坚持内容的思想性，说清新闻现象，厘清事实逻辑，传递正确价值，批驳错误观点，用思想武器正本清源，涤荡嘈杂的舆论场，塑造风清气正的舆论生态；要坚持内容的亲和力，创新叙事方式，坚持用人民的语言讲人民的故事，善于多层次、多角度、多元化地运用网络资源了解民意、开展工作，切实转变文风，变"号令式"为"交流式"，转"灌输式"为"互动式"，不断丰富优质信息内容。

要放开手脚，积极探索手段创新。工欲善其事，必先利其器。传媒行业的每一次跨越式发展，都离不开新技术的突破与革新。面对变革，媒体要运用好新技术新应用，创新传播方式，而不同类型与体量的媒体，也要根据自身的条件与能力，认清定位与差距，一方面充分利用好技术，另一方面不被盲目的技术研发拖住发展节奏。对于体量大、能力强的媒体而言，要有技术"领跑"的担当，要着力研究5G、区块链、元宇宙、人工智能、虚拟现实等最新技术，突破技术应用范式，积极抢占信息传播的制高点；对于体量中等、能力较强的媒体而言，要有技术"并跑"的自觉，在信息传播技术中不落下风，努力在传播手段的应用中争得先机；对于体量较小、能力较弱的媒体而言，要有技术"跟跑"的清醒认识，不能盲目地将资源投入未知领域中，坚持"开门办媒体"，寻求技术合作伙伴，分享、利用好技术红利。

要有强力保障，深化体制机制创新。制不行则治难久矣。新闻舆论工作中的体制机制创新，既是制度问题，也是实践问题。制度是治理的工具，决定着规则范围内的资源分配，当创新走向深入，就必定触及原有资源配置的利益。媒体必须以更大力度和更强决心，扫清一切妨碍科学发展的障碍和弊端，构建更加符合时代要求和人民需求的制度体系。一方面，要进行流程再造，完善新闻生产与传播当中的策、采、编、发、推、馈、评等环节，推动各种媒介资源和各类生产要素的有效整合；另一方面，要创新管理机制和人才培养机制，最大范围地提升新闻工作者的积极性、主动性和创造性，充分激发媒体潜力、活力、动力。

第二章
实现传播能力现代化的内在要求

从"巩固壮大主流思想舆论"到"推动媒体融合发展",以习近平同志为核心的党中央不断从进行伟大斗争、完善国家治理体系与治理能力、繁荣社会主义文化、实现中华民族伟大复兴等角度,阐明了新闻舆论主流工作的重要性,其思想越来越深邃、内涵越来越清晰、路径越来越明朗。

加强全媒体传播体系建设,提升传播能力的现代化水平,包含了舆论环境的净化,传播载体的升级,引导机制的优化,宣传范式的完善等构成要素,厘清其中的内在要求,有助于我们更好地理解这一命题。

第一节 坚持党的领导的根本要求

历史和现实都告诉我们,新闻媒体是各种势力争夺的重要战场,新闻舆论工作始终处在意识形态工作的最前沿,所以必须始终坚持党的领导的根本要求。只有在实现传播能力现代化的过程中,牢牢掌握新闻舆论的领导权、管理权和话语权,才能让主流声音更好地服务大局，让主流媒体更好地反映党和人民的根本利益，让党和人民的事业无往而不胜。

坚持党的领导，是确保正确舆论导向的基本遵循。正确的舆论导向，是新闻传播的核心要义，任何新闻都有导向，新闻报道从来不是简单的信息发布，任何一家媒体、任何一条报道，都表达着一定的态度与立场，其所体现的倾向性与政治性，就是导向。新闻随时随地都有导向。把握正确舆论导向，必须坚持正确政治方向。要深刻领悟"两个确立"的决定性意义，增强"四个意识"，坚定"四个自信"，做到"两个维护"，提高政治判断力、政治领悟力、政治执行力，始终在政治立场、政治方向、政治原则、政治道路上同以习近平同志为核心的党中央保持高度一致，学习贯彻习近平新时代中国特色社会主义思想，善于用政治的眼光看待复杂问题，用政治的标准把握报道基调，确保正确舆论导向不走偏。

坚持党的领导，是营造健康舆论环境的根本保障。好的舆论可以增强凝聚力、促进社会进步、推动国家发展；不好的舆论则会搞乱人心、破坏社会稳定、破坏国家发展。提高传播能力，就是营造积极健康的舆论。确保党对媒体的主导权、管理权，是确保媒体与党和人民同呼吸共命运的前提，构筑媒体反映人民群众的呼声、宣传正确价值观、承担社会责任的基础。长期以来，中央主要媒体和党的各级媒体，牢牢坚持党的领导，深入宣传习近平新时代中国特色社会主义思想，系统阐释党中央重大决策和工作部署，全方位展现人民精神风貌和伟大实践，传递了正能量，唱响了主旋律，极大地凝聚了全党全国各族人民共同奋发前进的伟力。

坚持党的领导,是马克思主义新闻观的鲜明要求。新闻观是新闻工作的灵魂,马克思主义新闻观历来都是主张和强调党性原则的,与西方新闻观刻意掩盖新闻的意识形态属性有着本质的区别。西方媒体一直鼓吹抽象的绝对的"新闻自由",标榜所谓的"第四权力",但在一次又一次的国际事件中,人们都看清了西方媒体根深蒂固的阶级性。西方媒体还根据意识形态的分野,划定新闻自由的"远近亲疏",对依附的国家在新闻报道上往往"宽宏大量",对体制制度不同、独立发展的国家往往"声色俱厉"。事实一再证明,西方媒体所谓绝对的"新闻自由",不过是绝对的"双重标准"。因此,我们在增强传播能力的过程中,必须坚持马克思主义新闻观,坚持党性原则,运用思想武器补足精神之"钙",自觉抵制西方新闻观等错误观点,在激荡的思潮中站稳立场,在诡谲的环境中唱响主流的声音。

第二节 站稳以人民为中心的根本立场

人民立场,是中国共产党的根本立场。历史的发展由人民的努力和创造推动,人民是历史的主角和决定者。我们党始终坚持以人民为中心,把人民放在价值追求制高点。

党性寓于人民性之中,从来没有脱离人民性的党性,也没有脱离党性的人民性。坚持党性,新闻传播工作才有明确的方向;坚持人民性,新闻传播工作才有不竭动力。站稳以人民为中心的根本立场,是实现传播能力现代化的必要条件。唯有立足于人民,才能把握舆论的核心与灵魂，引领正确的舆论导向，反映人民的心声。

首先，实现传播能力现代化，必须为了人民。新闻传播坚持人民性，就是要把实现好、维护好、发展好最广大人民根本利益作为工作的出发点和落脚点，始终坚持以人为本、以民为本，要坚决树立起以人民为中心的工作导向，把服务群众、教育群众、引导群众有机统一起来，更多地报道宣传先进事迹和感人故事，不断丰富人民精神世界，增强人民精神力量，满足人民精神需求。新闻媒体必须始终为人民服务，而不是为少数人服务，新闻报道必须聚焦人民群众的伟大实践，主流声音必须深深扎根于人民群众之中。

其次，实现传播能力现代化，必须依靠人民。当前，我们正面临百年未有之大变局，新闻工作发生了很大的变化。但无论如何变化，人民群众始终都是新闻工作的动力根基。我们要依靠人民，要在思想上牢固树立人民群众的主体地位，在工作中坚持从群众中来到群众中去的根本方法，尊重群众的首创精神，把群众当成最好的老师，从人民群众中汲取养分。我们要充分发挥人民的主观能动性和创造力，把人民对美好生活的向往作为新闻传播中的核心表达，将体现党的主张与反映人民心愿有机统一起来，只有这样才能在舆论场上占得先机，才能在舆论斗争中立于不败之地。

最后，实现传播能力现代化，要善用人民的语言。提升传播能力，必须善用人民的语言，切实转变文风，多用群众愿意听、听得进，愿意看、看得懂的表达方式，少说空话、套话、官话，更不能自说自话；必须满怀对人民的深情厚谊，与群众同呼吸、共命运、心连心，媒体要珍惜手中的话语权和报道权，自觉站在人民的一边，乐人民之所乐，忧人民之所忧，以人民立场为导向，人民情感为纽带，人民期待为力量，真正让传播格局充满正能量、大能量。

第三节　增强一体化的系统布局

所谓一体化的系统布局，是指要统筹网上网下、内宣外宣一体化的系统传播布局。如果说强调党性与人民性，是实现传播能力现代化的根与魂，那么增强一体化的系统布局，则是其中的骨架和基本盘。

统筹网上网下、内宣外宣一体化的系统传播布局，是在网上网下建立起一套清晰稳定高效的信息传播体系，综合利用各种渠道不断推进内宣外宣联动，更好地传递正面信息和价值观念。

一、落实好网上网下一体的实践要求

着力推动网上网下一体，是占领网络阵地的重要路径。我们必须顺应互联网大势，遵循互联网传播规律，让"主力军上主阵地"，实现一体化发展。

落实好网上网下一体，要大力推动传统媒体和新媒体的融合。实施媒体融合发展，是党中央的重大战略部署，要坚持融为一体、合而为一的发展方向，推动内容、技术、平台、人才之间的融通共享，尽快从"相加阶段"迈向"相融阶段"；要树立一体化的发展理想，打破观念、体制、技术等方面的桎梏，将互联网思维融入媒体运行的全过程。

落实好网上网下一体，要努力优化和创新内容的生产和传播。要

不断适应受众需求的变化，不断创新舆论引导的方式和手段。在内容生产方面，需要注重内容的质量，同时也需要充分利用新媒体的互动性特点，提高内容的吸引力和传播效果。在内容传播方面，需要注重传播渠道建设与拓展，注重传播方式的创新，如采用网络直播、短视频等方式进行传播。

落实好网上网下一体，要着力构建舆论监管的协同机制。在舆论监测方面，需要建立起科学机制，及时掌握公众的关注点和舆情走向。在舆论管理方面，需要打造有效机制，对网络舆论中的不良信息和谣言及时进行澄清和管理。在舆论引导和回馈方面，需要完善专业机制，及时回应网民的关切，以帮助消除焦虑和误解。

二、践行好内宣外宣联动的主动选择

国际话语权，是实现传播能力现代化的重要组成部分。虽然近年来我国在国际传播能力建设上取得了长足的进步，但从总体来看，我国的话语权同西方媒体比起来，还是有不小的差距，从新闻的角度来看，美国的 NBC、CBS、ABC、CNN 这几家公司发布的新闻数据和信息量，是世界上其他国家的 100 倍，是中国的 1000 倍，在全世界用汉语形成的新闻大数据仅仅占了 5%。[1] 这种差距让我国在国际上有时处于有话说不清、有理传不开的境地。所以我们必须以系统的观念看待内宣外宣的关系，统筹内宣外宣的关系，以内联外、以外促内，主动构建对外传播话语体系，努力争取国际话语权。

---

[1] 程美东. 北京大学理论名家大讲堂 [M]. 北京：人民出版社，2021：14.

践行好内宣外宣联动,讲好中国故事是基础。无论内宣还是外宣,新闻传播的基础就是发生在中华大地上的发展故事,多年的实践已经证明,我们有能力办好中国的事情,现在要进一步提高本领讲好中国的故事。讲故事,首先,要讲事实。事实胜于雄辩,要把一个政治清明、经济发展、文化繁荣、山川秀美、人民团结的中国立于世人面前,展现真实、立体、全面的中国。其次,要讲情感。情感是人类共通共鸣的桥梁,要把我们想讲的同受众想听的有机结合起来,把"说理"和"陈情"结合起来,展现可亲、可信、可敬的中国。最后,要讲道理。以理服人、以德服人,是中华文化的精髓,我们不能为了讲故事而讲故事,要把"理"贯穿于故事之中,以启示受众、影响受众,展现中国理论、中国道路、中国精神、中国力量。

践行好内宣外宣联动,必须传递正确的价值观。无论内宣外宣形式怎么变,传递当代中国价值观的本质是不变的。内宣方面,我们要不断加强对中国独特的文化传统和基本国情的宣传,让全体中国人民深刻认识到自身的历史使命和责任,以凝聚共识、推动进步。通过加强对中国传统文化的挖掘和推广,让更多人了解和认同中国文化的独特魅力,从而增强自身文化自信。外宣方面,我们要在世界舞台上展现中国的文化魅力,宣传好"一带一路"倡议、"人类命运共同体"理念等重要战略构想,倡导相互尊重、和平共处、合作共赢的新型大国关系,推动全球治理体系改革,为世界和平与发展做出贡献。这些重要理念和实践背后,都贯穿着当代中国的价值观,我们必须积极传递,鼓舞人心,推动中国的历史进程迈向更加美好的未来。同时,我们还需要加强对外交往的宣传和引导,让更多外国人了解中国,了解中国文化和价值观，增进彼此相互理解和尊重，推动建立更加和谐、稳定和繁荣的国际社会。在这个过程中，我们需要注重传递真实、客观、全面的信息，加强与国际主流媒体的合作，提高传播效果和影响力。

践行好内宣外宣联动，必须讲究方法、区分对象、精准传播。讲好中国故事、传递中国声音，必须以易被人接受的方式来落实。为此，我们需要顺应分众化、差异化、移动化、社交化和可视化的传播趋势，将传播内容、方法、载体和话语进行分类，以精准的方式传达信息。内宣外宣的方式也需要根据不同对象的特点进行分类，以达到更好的宣传效果。在宣传内容上，我们需要以受众关注的热点为重点，多讲受众听得懂、听得进、听得明白的话。在宣传方法上，我们需要采用多样化的方式，包括文字、图片、音频、视频等多种媒介，以满足不同受众的需求。在内宣方面，我们可以采用线上和线下相结合的方式，通过传统媒体、新媒体和社交媒体等多种渠道进行宣传。在外宣方面，我们需要采用多种语言和多种形式的宣传手段，以更好地传递中国声音。在宣传载体上，我们需要把握社会发展趋势，选择更加便捷和易于传播的方式，更好地满足人们获取信息的需求，提高信息的传递效率和影响力。

第四节　突出创新表达的关键抓手

传媒行业的转型，不仅是技术上的变革，更是媒体形态和业态的变化。传统表达与传播方式的生存空间不断被压缩，移动终端、社交平台、流媒体等"新势力"不断开辟出媒体行业发展新赛道。

媒体融合发展的趋势不断加速，主流声音想要在新的赛道上抢占先机，保持竞争优势，必须掌握创新表达的关键抓手，在内容表现形式和信息传播形态方面不断取得突破，用技术吸引人，用内容留住人，不断提升创新能力。

在内容表现形式方面，要不断探索新的形式，以吸引人的方式来呈现信息，包括文字、图片、音频、视频等多媒体形式，以及提供更加个性化和互动性的内容体验。通过创新表达提高信息传播效果，吸引更多的用户关注和参与。

在信息传播形态方面，要不断探索新的形态，以扩大影响力，包括使用各种社交媒体和移动应用等新兴传播平台，以及利用数据分析和人工智能等技术手段来精准推送信息。通过创新传播方式可以助力更好地触达受众，传播主流声音和观点。

要发挥好内容创新的基础作用。首先，要聚焦内容本身，对于好内容的追求不能因环境的改变而改变。优秀的新闻作品都是在基层一线、社会实践中"跑"出来的。广大新闻工作者，要冲锋在前、践行"四力"，要秉持"实新美"的文风，以群众语言、百姓视角为主要表现手法，用笔墨、镜头记录下全国各族人民撸起袖子加油干的奋斗足迹，展现出平凡人团结奋斗、砥砺前行的动人姿态，描绘出祖国大地日新月异的发展进程，采写出思想精深、感人至深、品质过硬的新闻报道。

其次，要吃透传播形式，信息过载的时代，酒香也怕巷子深。

"君子生非异也，善假于物也。"媒体在传播好内容时，要善于利用新的传播媒介，让内容搭乘上好的载体和渠道，提高内容的触达率。

一方面，需要学习如何利用新媒介，如直播、短视频、VR、AR等新形式，及时采用新技术来改进和创新内容表现形式，以更好地满足受众的需求。只有不断学习和创新，才能跟上时代的步伐，赢得受众的信任和支持。另一方面，我们也要善于利用新媒介，用系统的思维看待问题，分析新技术的利与弊，统筹安全与发展，让新技术更好地服务于主流舆论。在使用新媒介的过程中，要不断总结经验，探索新的规律，从而更好地发挥新媒介的优势，提高内容传播的质量和效率。

实现传播能力现代化，要发挥好平台建设的推动作用。

好内容需要好平台，要建设具有广泛影响力的新闻信息内容聚合发布平台，打破固有的新闻信息传播局限，实现信息的共享和交流，让更多的人获得及时、准确、全面的信息。党的十九大以来，宣传思想工作把握时代特点，聚焦群众需求，积极推进探索创新，先后推出县级融媒体中心和"学习强国"学习平台等新载体新阵地，进一步增强了主流思想的吸引力、凝聚力、感染力。

截至2020年底，全国已挂牌建设县级融媒体中心2501个，有30个省（区、市）和新疆生产建设兵团已全部完成挂牌建设任务。县级融媒体中心从主要从事新闻宣传向多样化公共服务加快拓展，日益成为"媒体+政务""媒体+服务"的信息综合服务体，引导群众、聚焦群众、服务群众的作用进一步凸显。①

"学习强国"学习平台包括移动客户端、个人电脑端等终端。聚合大量可免费阅读的期刊、古籍、公开课、歌曲、戏曲、电影、图书等资料，首次实现了"有组织、有指导、有管理、有服务"的学习，成为立足全党、面向全社会的科学理论学习阵地、思想文化聚合平台、科学知识传播高地、人民群众精神家园，截至2021年6月底，平台用户数达到2.41亿人，日均阅读量9亿人次左右。②

接下来，具有广泛影响力的新闻信息内容聚合发布平台的建设任务还应该不断走向深入，要深化技术应用，实现人工智能与大数据的融合，用主流价值观驾驭"算法"，实现新闻内容的有序筛选和有效推荐，提高用户体验；要拓展平台影响力，支持更多语言、更多平台的发布，让更多的人了解中国、认识中国。相信随着平台建设的推进，将有更多优质内容通过大平台实现快速、准确、全面的发布，让主流声音获得大能量、弘扬正能量。

第五节 实现凝聚力量的前进目标

提高传播能力，最终目标是为实现中华民族伟大复兴营造良好的

---

① 中共中央宣传部. 中国共产党宣传工作简史（下卷）[M]. 北京：人民出版社，2022：757.
② 中共中央宣传部. 中国共产党宣传工作简史（下卷）[M]. 北京：人民出版社，2022：758-759.

第二章 实现传播能力现代化的内在要求

舆论环境,凝聚起踔厉奋发、不断前行的磅礴伟力。在实现传播能力现代化的道路上,需要更好地解决实际问题和思想问题,更好地强信心、聚民心、暖人心、筑同心,始终把表达好、阐释好、宣传好人民对美好生活的向往作为新闻传播的目标方向。

要突出一条主线,即突出做好习近平新时代中国特色社会主义思想的新闻宣传。纵观党史国史,每当面临重大历史关头,总是伴随着思想的飞跃,引领着党和人民的事业不断迈进新的阶段,走向新的胜利。

中国特色社会主义进入新时代,以习近平同志为主要代表的中国共产党人,坚持把马克思主义基本原理同中国具体实际相结合、同中华优秀传统文化相结合,科学回答了新时代坚持和发展什么样的中国特色社会主义、怎样坚持和发展中国特色社会主义,建设什么样的社会主义现代化强国、怎样建设社会主义现代化强国,建设什么样的长期执政的马克思主义政党、怎样建设长期执政的马克思主义政党等重大时代课题,创立了习近平新时代中国特色社会主义思想,实现了马克思主义中国化时代化新的飞跃。[①]

当前,我国发展面临新的战略机遇、新的战略任务、新的战略阶段、新的战略要求、新的战略环境。在百年未有之大变局的背景下,我们正处于中华民族伟大复兴的关键时期,唯有用科学的理论武装头脑,才能坚定信仰,不惧挑战,勇毅前行。

突出做好习近平新时代中国特色社会主义思想的新闻宣传,要守

---

① 闫志民,王寿林.习近平新时代中国特色社会主义思想的鲜明特质[N].经济日报,2022-12-14(10).

正创新，让受众真听真信，让科学的理论入脑入心，让真理指导实践，让实践印证真理，筑牢思想的同心圆，凝聚发展的向心力，汇聚攻坚克难、干事创业的澎湃动力，在新时代新征程上，开创事业发展新局面。

要做好四大宣传，即主题宣传、形势宣传、成就宣传、典型宣传。党领导人民从贫穷走向富强，开创了中国特色社会主义伟大事业，创造了人类发展历史上的伟大奇迹。无数事实都告诉我们，主旋律和正能量是当今中国社会的主流，爬坡过坎、昂扬奋进是当今中国发展的主流。媒体有责任有义务坚持做好正面宣传，用好舆论监督，进一步壮大主流舆论，引导受众从纷繁复杂的现象中看到本质，正确认识主流与支流、成绩与问题、全部与局部、普遍性与特殊性的关系，更好调动各方面的积极性、主动性、创造性，激发全社会万众一心、团结进取的精神风貌和强大动力。

主题宣传、形势宣传、成就宣传、典型宣传是坚持以正面宣传为主的四个重要方面，它们各有侧重，但又相互衔接、相互促进。

做好主题宣传。主题宣传是指围绕国家和社会的重大主题，宣传党和政府的决策部署，宣传各项重大活动，引导人们关注和参与国家和社会发展，发挥正面宣传思想引领作用。在精心组织主题宣传过程中，要明确宣传的主题和目标，强化分析和研究，制订出符合实际的宣传策略和方案，确保宣传效果；要注重宣传手段和形式的创新，采用微信、微博、直播、短视频等多种方式，有针对性地传播信息，吸引更多注意力；要注重宣传内容的科学性和系统性，及时推出多种体裁的新闻产品，引导人们认识理解其背景、经验、价值和意义。

做好形势宣传。形势宣传是指对当前国内外形势的分析和解读，宣传国家的方针政策、重大决策和重大事件，引导人们正确理解和应对形势、增强信心。在组织形势宣传过程中，要把握时机，及时关注和解读，全面分析形势发展趋势，实时发布权威信息；要注重宣传的时效性，内容要贴近人民群众的生活和需求，方式要多样化、灵活化；要注重宣传的思想性，通过宣传提高人们的政治意识和思想觉悟。

做好成就宣传。成就宣传是指宣传国家和社会的发展成果、发展经验等，展示国家和社会的崭新风貌，起到明确方向、促进团结、鼓舞士气的作用。在精心组织成就宣传过程中，要注重宣传内容的鲜活性和对象的多样性，针对不同群体，采用不同宣传方式和手段，让更多的人从更加多元的角度，了解和认同发展成果；要注重宣传事实的客观性，真实地展现成就，提高人们自信心、归属感和认同感。

做好典型宣传。典型宣传是指宣传身边的优秀人物、典型事迹、先进经验等，推广先进的思想和行为，引导人们向榜样学习、向先进看齐。在精心组织典型宣传过程中，要注重宣传对象的典型性和代表性，选择符合标准和要求的人物和事迹，生动展示其先进性和可借鉴意义；要注重宣传内容的感染力，震撼人心、激励人心；要注重典型的引领性和启发性，通过先进榜样、英雄模范的精神感召，推动社会向更加先进的方向发展。

第六节 重构运行流程的机制保障

实现传播能力现代化，也意味着机制的重构和流程的再造。在传统媒体的新闻生产流程中，主要是"策、采、编、评、发"五个环节，新闻上报、上广播、上电视之后的反馈，往往是间接的、迟滞的。

在新媒体发展和媒体融合的背景下，许多媒体进行了流程再造，重构运行机制以适应发展环境。融媒体的新闻生产流程有了更多的延展，出现了"建、策、采、编、评、发、推、馈"等诸多环节。其中的"建"，是指有能力有条件的媒体，自建新闻资讯平台，属于新闻生产中基础设施建设的一环；其中的"策、采、编、评、发"的内涵也发生了很大的变化，从传统媒体上的策划转变为融媒体的策划，同一选题的操作与执行，往往带有分众化、差异化的特征；其中的"推"和"馈"，是指媒体在发布新闻产品之后，将产品向不同平台推广，以及网友、同行、业界反馈的过程，这种推广和反馈的效果是直观的、高效的，媒体也往往会根据反馈效果，总结经验与得失，为下一次的新闻生产提供参考。

新闻生产运行机制的重构与延展，体现了高效、灵活、专业等特征。为实现运行机制的进一步优化，《"十四五"文化发展规划》提出，要"建立项目化主导、团队化运作、立体化作战和日常工作相结合的运行机制"①。笔者认为，这一要求从国家顶层设计层面，全面总结了已有机制的经验与成绩，是深入指导媒体应对网络传播环境新变化，面向市场的重要规划。

项目化主导、团队化运作、立体化作战不是孤立的，也不是一时

---

① 中共中央办公厅，国务院办公厅."十四五"文化发展规划［N］.经济日报，2022-08-17（10）.

的，而是对日常工作流程机制的具体指导，媒体需要通过反复的项目化主导、团队化运作、立体化作战，加深对日常工作的认识，总结过程中的经验与不足，从而全面促进新闻生产的提质增效。

针对当前新闻传播效果反馈的即时性和直观性，要加强传播效果评估，健全媒体自评、媒体互评和重点点评相结合的新闻阅评体系。

加强传播效果评估，一方面，是要坚持效果导向，重视网友的点评与反馈，"群众上了网，民意也就上了网"，主流舆论的效果好不好，人民满不满意，可以通过网络直接反馈出来，这就要求媒体切实转变新闻生产方式，打造群众喜闻乐见的新闻报道精品；另一方面，要坚持新闻的专业性，不能被诡谲多变的舆论场带偏了方向、走错了路子。当前舆论环境情绪化倾向严重，"高级黑""低级红"的现象屡见不鲜，如果一味跟着热点走、追着流量跑，很可能掉进陷阱，让舆论出现失控的局面。

所以，加强传播效果评估既要尊重网民的反馈，也要建立适应我国国情的传播效果评估标准，既不能对流量视而不见，也不能唯流量论。其中，健全新闻阅评体系，就是建立传播效果评估标准的重要抓手之一。

具体来说，新闻阅评体系的主要内容包括三个方面，分别是媒体自评、媒体互评和重点点评。

媒体自评，是指媒体自觉地对自己的报道进行评估，及时发现和纠正自身存在的问题。这是一种自我反思的过程，可以帮助媒体发现不足之处，及时改进和完善报道的内容和形式，提高新闻报道的质量和水平。

媒体互评，是指媒体之间相互评估，相互学习借鉴。在这个过程中，不同媒体之间可以相互交流、互相学习，发现自身存在的问题和不足，从而提高新闻报道水平。

重点点评，是指对于重要的新闻事件、热点话题、社会问题等，建立专门的点评机制，对媒体的报道进行评估和点评。这种点评机制可以对媒体的新闻报道进行评估和监督，让媒体更加注重新闻的真实性、客观性、公正性和价值观的传递。

总之，重构运行流程，是媒体发展的重要机制保障。新型主流媒体已经进行了许多有益的探索，但距离实现传播能力现代化还有一定差距，也非一朝一夕之事，仍须步步为营、久久为功。

第三章
全媒体传播体系建设的实践探析

从顶层设计到媒体实践，从融合发展到全媒体传播体系构建，从"两个巩固"① 根本任务的提出到"导向为魂、移动为先、内容为王、创新为要"的指导。重视新闻工作，是中国共产党的优良传统。构建全媒体传播体系并不是一个新出现的任务，而是在长期实践中不断提炼形成，并且已迈出坚实步伐的历史性进程。这其中有许多原则必须坚守，许多实践值得总结，还有许多路径等待探索。

以下，笔者将试图从"强化顶层设计""推动融合发展""突出内容建设""依托先进技术""加强队伍建设""涵养网络空间"六个方面，对构建全媒体传播体系，提升传播能力的实践路径进行探究与分析。

第一节 强化顶层设计，筑牢
意识形态阵地

意识形态工作，是党的一项极端重要的工作，也是壮大主流思想

---

① 习近平在2013年全国宣传思想工作会议上指出，宣传思想工作就是要巩固马克思主义在意识形态领域的指导地位，巩固全党全国各族人民团结奋斗的共同思想基础。

舆论、构建全媒体传播体系、塑造主流舆论新格局过程中的"必答题"。

为推动各级党委（党组）进一步做到守土有责、守土负责、守土尽责，2015年10月3日，中共中央办公厅印发《党委（党组）意识形态工作责任制实施办法》（以下简称《实施办法》），以党内法规形式明确各级党委（党组）的责任。

《实施办法》要求，按照属地管理、分级负责和谁主管谁负责的原则，各级党委（党组）领导班子对本地区、本部门、本单位意识形态工作负主体责任，党委（党组）书记是第一责任人，应当旗帜鲜明地站在意识形态工作第一线，带头抓意识形态工作，带头管阵地、把导向、强队伍，带头批评错误观点和错误倾向，重要工作亲自部署、重要问题亲自过问、重大事件亲自处置，党委（党组）分管领导是直接责任人，协助党委（党组）书记抓好统筹协调指导工作，党委（党组）其他成员根据工作分工，按照"一岗双责"要求，抓好分管部门、单位的意识形态工作，对职责范围内的意识形态工作负领导责任，建立健全意识形态工作责任制，是落实党管意识形态原则、掌握意识形态工作领导权的重要手段，是党的十八大以来意识形态工作的重大创新。[①]

2019年4月19日，中共中央政治局召开会议，审议《中国共产党宣传工作条例》。会议指出，随着中国特色社会主义进入新时代，宣传思想工作面临新形势新任务新要求，需要通过法治方式提升工作

[①] 中共中央宣传部. 中国共产党宣传工作简史（下卷）[M]. 北京：人民出版社，2022：582.

的科学化制度化规范化水平。制定《中国共产党宣传工作条例》（以下简称《条例》），是落实全面依法治国、全面从严治党的重大举措。①《条例》提出了"一个高举""两个巩固""三个建设"的宣传工作根本任务，即高举中国特色社会主义伟大旗帜，巩固马克思主义在意识形态领域的指导地位，巩固全党全国各族人民团结奋斗的共同思想基础，建设具有强大凝聚力和引领力的社会主义意识形态，建设具有强大生命力和创造力的社会主义精神文明，建设具有强大感召力和影响力的中华文化软实力。②《条例》对宣传领域的各项工作进行了规定，是党的宣传事业发展史上具有重要里程碑意义的大事。

2019年10月28日—31日，中共十九届四中全会在京举行，全会提出，坚持和完善繁荣发展社会主义先进文化的制度，巩固全体人民团结奋斗的共同思想基础。全会还提出，要坚持马克思主义在意识形态领域指导地位的根本制度。③ 这是党第一次把马克思主义在意识形态领域的指导地位作为一项根本制度提出来，是关系党和国家事业长远发展的重大制度创新，为构建舆论生态环境筑牢了意识形态根基，奠定了坚实的思想基础、制度基础。

党的二十大报告提出："我们确立和坚持马克思主义在意识形态领域指导地位的根本制度，新时代党的创新理论深入人心，社会主义核心价值观广泛传播，中华优秀传统文化得到创造性转化、创新性发展，

---

① 中共中央政治局召开会议［N］. 经济日报，2019-04-20（1）.
② 全面提升新时代宣传工作的科学化规范化制度化水平——中央宣传部负责人就《中国共产党宣传工作条例》答记者问［N］. 经济日报，2019-09-01（1）.
③ 中共十九届四中全会在京举行［N］. 经济日报，2019-11-01（2）.

文化事业日益繁荣，网络生态持续向好，意识形态领域形势发生全局性、根本性转变。"① 这一重要论断的提出，是对中国特色社会主义进入新时代的新闻工作实践的深刻总结，也是对当前新闻舆论环境、信息传播环境所面临形势的重大研判以及进一步开展工作的根本依据。

第二节　推动融合发展，做大做强主流舆论

互联网这把"双刃剑"，引发了新的传播革命，也给新闻舆论工作带来巨大挑战。截至 2022 年 12 月，我国网民规模达 10.67 亿人。从这个意义上来说，谁掌握了互联网，谁就把握住了时代主动权。

2013 年 11 月，党的十八届三中全会提出，整合新闻媒体资源，推动传统媒体和新兴媒体融合发展。② 自此，媒体融合发展的序幕在我国开始拉开，如今正朝着加快构建全媒体传播体系的方向迈进。

媒体融合是时代发展的必然趋势，这种趋势不仅是为了抓住新一轮信息技术革命的机遇，也是为了更好地利用信息革命的成果，壮大主流舆论的声音，让正能量更加强劲，主旋律更加高昂。因此，媒体

---

① 习近平. 高举中国特色社会主义伟大旗帜　为全面建设社会主义现代化国家而团结奋斗——在中国共产党第二十次全国代表大会上的报告 [N]. 经济日报, 2022-10-26 (2).

② 中共中央关于全面深化改革若干重大问题的决定 [N]. 经济日报, 2013-11-16 (3).

融合对于推动社会进步、提高民生福祉、增强国家实力等方面都具有重要的意义。在这个过程中，需要积极探索新的技术和模式，推动媒体融合向纵深发展。

在媒体融合的过程中，需要对新技术的应用不断加以推进。5G、大数据、区块链、人工智能、虚拟现实等新技术的进步与发展，为媒体融合提供了更多的想象空间与实践可能性。通过技术手段可以实现跨媒体、跨平台、跨领域的信息传递和共享，为用户提供更加精准、个性化的信息服务。

同时，媒体融合不仅是技术变革，更是思维革新。在新媒体中，信息传递不再是单向的，而是多元化的互动过程。媒体融合的实现需要跨越传统媒体的边界，将不同的媒介形态和运营方式融为一体，打造全媒体平台，为用户提供更加丰富、多样化的信息服务。媒体融合需要打破传统媒体的思维定式，打破媒介之间的壁垒，构建开放合作的媒介生态。只有这样，才能真正实现媒体的转型升级。

实践表明，主流媒体的融合发展为新闻工作带来了前所未有的机遇。践行融合发展的主流媒体覆盖了更广泛的受众群体，通过多元化的形式和内容，传递更加生动的正能量，进一步提升人民群众的思想认同和归属感。

主流媒体的融合发展有效地加强了新闻工作的整体性和协同性。不同媒介形态的融合实现了信息的有机衔接和互相促进，进一步提高了新闻工作的针对性和有效性。同时还有力地打破了媒介间的壁垒，形成全媒体的信息传播网络，进一步提高了新闻信息的覆盖面和影响力。

我国传统媒体在社交媒体平台获得的用户积淀、传播数据与相应的社会影响力领先于其他国家传统媒体，在网民中拥有更高的公信力和权威性。统计显示，人民日报、新华社、央视新闻账号在互联网平台总粉丝数已达27.4亿人；在微博平台，国内头部媒体总粉丝数已超过140亿人，头部媒体2022年在微博的总发博量有898万条，总互动数为32亿条，总视频播放量为2173亿次。[1]

主流媒体通过融合发展，使正面宣传水平有了质的飞跃。通过创新宣传形式、丰富宣传内容、加强宣传渠道建设等方式，主流媒体成功地传递了党和国家的声音，宣传了中华民族伟大复兴征程和全面建设社会主义现代化国家的伟大事业。这些工作为凝聚人心、汇聚力量、构筑思想同心圆做出了非常重要的贡献。

比如，人民日报社已成为拥有10多种载体、综合覆盖用户超过13亿人次的全媒体方阵；新华社正努力建成国际一流新型全媒体机构，以实际行动为推进网络传播创新、壮大网络主流舆论贡献力量；中央广播电视总台制定了"台网并重、先网后台、移动优先"融媒体建设战略，"央视频""央视网""央视新闻"用户规模不断增加。[2]

此外，一批优秀的社交媒体近年来也在不断强化自律机制，通过完善全过程、全链条治理正本清源，提升竞争力，与主流媒体积极合

---

[1] 新华网：朱国亮. 媒体融合加速 主流舆论壮大——2023中国网络媒体论坛综述［Z/OL］.（2023-04-25）［2023-05-15］. http：//m.news.cn/gd/2023-04/25/c_1129560894.htm.

[2] 新华网：朱国亮. 媒体融合加速 主流舆论壮大——2023中国网络媒体论坛综述［Z/OL］.（2023-04-25）［2023-05-15］. http：//m.news.cn/gd/2023-04/25/c_1129560894.htm.

作，放大主流媒体优质内容影响力。在媒体融合的道路上，主流媒体还将继续坚持融合发展的方向，继续推动党和国家的声音直接进入各类用户终端，努力占领新的舆论场，以更加全面、深入、多样的方式，为人民群众提供更优质、更有温度的宣传服务，以融合力壮大主流阵地影响力，展现新闻舆论新气象。

第三节　突出内容建设，构筑信息传播新高地

不管传播方式怎样变化，内容生产始终是媒体发展的核心要素。在媒体发展中，无论是渠道的比拼还是技术的比拼，最终都会回归到内容的比拼。只有真正具备高质量、独特性和时效性的内容，才能成为传播路径上的"硬通货"，成为构筑信息传播新高地的关键所在。主流媒体多年来的实践经验也表明，内容建设是媒体发展中不可或缺的一部分。在内容建设方面，需要不断创新和探索，提高内容的质量和专业性，满足不同读者的需求。只有这样，媒体才能赢得读者的信赖和支持，实现自身的发展和壮大。

第一，始终保持内容定力。守正不渝，创新不止。只有坚持"守正"与"创新"相统一，才能巩固壮大主流思想舆论，切实履行主流媒体的职责使命。要守住的"正"，就是要始终坚持正确政治方向、舆论导向、价值取向，坚持党管媒体、党管意识形态，坚持以人民为中心的工作导向。始终保持内容定力，就是抓住"守正"的根

本与灵魂,坚持用正确的舆论引导人,让所有制作生产的内容,都有利于坚持中国共产党领导和我国社会主义制度,有利于促进改革发展的进程,有利于增强各族人民团结向上的氛围,有利于维护社会和谐稳定的态势。为隆重庆祝中华人民共和国成立70周年,中央宣传部、中央党史和文献研究院、国家发展和改革委员会、国家广播电视总局、中央广播电视总台、中央军委政治工作部共同摄制了24集大型文献专题片《我们走在大路上》。专题片以习近平新时代中国特色社会主义思想为指导,把70年来中国共产党带领全国各族人民进行社会主义革命、建设、改革取得的辉煌成就和宝贵经验作为主线,坚持实事求是的基本原则,注重把宏观上的政论情怀和微观上的故事表达结合起来,从而准确反映了共和国筚路蓝缕一路走来的感人故事和重要事件,全面呈现亿万人民在社会主义道路上不懈奋斗谱写的壮丽史诗,充分展现中华民族从站起来、富起来到强起来的伟大飞跃。专题片首轮播出后观众触达人次达7.14亿,在新媒体端全网阅读及视频播放量累计超过19亿次,实现了良好的传播效果。①

第二,专注内容质量。在"人人皆媒"传播背景下,注意力成为宝贵的资源。优质的新闻,除了要具备新闻所有的要素,更加要注重体现思想性。一个好的新闻报道,除了告诉读者发生了什么,更需要告诉读者为什么发生、应该怎么看,要解释事件背后的原因、事件之间的联系以及事件的未来发展趋势。这就需要媒体在纷繁复杂的新闻事件当中,透过浮于表面的现象,探究事物的本质与规律。换言

---

① 新华通讯社课题组.学习习近平关于新闻舆论的重要论述[M].北京:新华出版社,2022:98.

之，具有思想性、专业性的新闻内容，不是阻挡阅读的门槛，反而是信息爆炸下的珍贵财富，必须牢牢加以把握。2018年9月13日，《经济日报》组织力量，在深入学习领会中央重要文件决定的基础上，针对网络上流传的"私营经济已完成协助公有经济发展，应逐渐离场"的错误论调引发的舆论混乱，刊发《对"私营经济离场论"这类蛊惑人心的奇谈怪论应高度警惕——"两个毫不动摇"任何时候都不能偏废》的评论，给予这一错误思潮有力批驳，迅速起到澄清谬误、明辨是非的引导作用。

第三，扩大优质内容产能。优质内容是一种稀缺资源，为了满足读者对高质量、多元化内容的需求，主流媒体近年来不断探索新的生产方式，努力借鉴成熟的技术手段、市场手段，在建立多元化的内容生产体系、加强内容创作的协同和互动、引入人工智能技术和大数据分析技术、强化与第三方内容生产者的合作等方面下了许多功夫。这些措施有效地提升了优质内容的产能，并且为读者提供了更加多样化的内容选择。通过这些方法，主流媒体不断地创新和进步，为社会提供更加优质、专业和有价值的信息服务。这种趋势必将会继续发展下去，推动媒体行业的进一步发展和壮大。2022年，人民日报视频客户端"视界"上线，以打造首个以PUGC为特色的央媒视频平台为目标，加快建设内容生态。其在不断提高原创能力的同时，着力提高聚合能力，由过去的生产者转型为整合者，以信息生产层面的"去中心化"思路实现主流价值"中心化"传播的目标。

第四，创新内容表达形式。在媒体传播中，不仅要解决好"说什么"的问题，更要解决好"怎么说"的问题。为了让新闻报道离受众更近，主流媒体正在不断改进内容表达的方法，更加注重艺术性和创新性。语言能力是主流媒体的看家本领，而在互联网的影响下，主流媒体近年来不断创新报道角度和手段，更加注重人文关怀。新闻报道更加活泼、亮眼，新闻评论也更加新颖、务实。这些改变吸引了更多的人民群众来关注和传播媒体内容。主流媒体在改进内容表达的同时，也更加注重传播效果和读者反馈，不断调整自身的报道风格和内容形式，以适应不同读者的需求，让读者更爱看爱传。新华社在2023年两会期间，推出"元宇宙·职业新体验"两会报道，其中一期内容搭建了一个"云端上的小村庄"，这个"云端上的小村庄"是采用三维动画、CG特效、AR等技术打造的虚实结合的"元宇宙空间"，让用户可以畅玩乡村旅游，畅想乡村振兴的美好未来。人民日报客户端积极探索沉浸式传播新模式，将三维建模、5G、元宇宙、VR运用到报道当中，用技术还原现场感官，强调用户"在场"体验，融媒体产品《"中国大合唱"5G云歌会》，让位于八达岭长城、壶口瀑布、京杭大运河以及遵义会议会址的人们跨越数千公里隔空合唱，带领用户打破空间限制，在歌声中观览祖国山河。

第五，提升内容传播效果。优质内容需要更好的呈现、更广的传播。近年来，主流媒体一方面不断探索建设好自有的移动传播技术平台，另一方面也打开思路、开门办媒体，与商业互联网平台保持良好的合作关系，将内容生产和传播进行有机结合，实现内容的高效传播和受众的广泛触达。同时，主流媒体也在积极创新传播方式，适应新媒体移动化、可视化、智能化、社交化传播特点，提高传播效率和传播质量，服务于广大受众的需求和利益，让优质内容真正"飞入寻常百姓家",赢得受众的信任和认可,保持舆论场上的竞争优势。

第四节 依托先进技术,打造传播形态新范式

当前,新一轮科技革命和产业变革正在加速兴起。信息技术和人类生产生活交汇融合、数字信息爆发式增长、信息网络基础设施加快建设。在全球范围内,广播网、电视网、通信网、互联网等基础网络持续互融互通,正在逐步形成万物互联、万物感知、万物智能的信息网络空间。

在信息时代,没有先进技术,主流舆论的声音就走不远、传不开。近年来,主流媒体依托先进技术,深入实施创新驱动发展战略,组织开展了人工智能、大数据、云计算、区块链等重大关键技术的集成创新和应用创新,全面赋能媒体融合创新,有力支撑了全媒体传播体系建设,取得了重要进展。

首先,利用先进技术,驱动媒体转型升级。随着新技术和新应用的不断涌现,传媒业态经历重大变革。技术创新渗透到媒体领域的用户分析、内容生产和产品分发等多个环节,不断增强新闻信息的生产、传播和服务能力。许多传统媒体机构逐渐树立起用先进技术引领发展的理念,顺应互联网传播规律,积极采用新技术,开发新应用和新业态,提升技术研发运用水平,创造性地推动媒体转型升级。

其次,利用先进技术,提升全媒体传播效能。利用不同媒介之间

的融合与整合，充分利用平台资源，创造出新的传播方式和体验。途径包括：一是报道形态的融合，将文字、图片、音频、视频等多种媒体形式进行整合，提升信息传播的效果；二是增加互动性，利用社交媒体等形式，让用户参与到媒体传播中来，增强用户体验；三是利用新技术，创造新的媒体传播形态，提高媒体传播的效率，比如应用数字技术，通过数字化手段对信息进行采集、编码、传输、存储和处理，更加高效地实现信息的获取、处理和传递，提高传播效率和效果，再如应用人工智能技术，实现更加智能化的内容推荐、精准化的"用户画像"和个性化的服务，又如应用大数据技术，通过对海量数据分析和应用，实现信息的深入挖掘和价值的最大化等。

最后，利用先进技术，拓展信息服务新模式。媒体积极推动技术发展融入文化强国、网络强国、数字中国、智慧城市、乡村振兴等战略部署，与教育、医疗、养老、文化、旅游、交通等领域展开深度合作，信息服务的新业态新模式不断涌现，展现出良好的发展势头。《广播电视和网络视听"十四五"科技发展规划》指出，"十三五"期间，各地运用云计算技术，结合自身媒体优势和视听特长，面向各类终端，建成融合媒体传播平台，信息服务聚合与分发能力明显增强。全国涌现出"最多跑一次""街乡吹哨，部门报到""雪亮工程""同上一堂课""名师空中课堂"等一大批典型成功应用案例。[①]

当前，技术进步带来的红利依旧在持续释放，各种可能影响生产方式、传播链路的新技术新应用随时可能出现。同时，在新技术应用

---

① 国家广播电视总局：广播电视和网络视听"十四五"科技发展规划[R/OL].（2021-10-20）[2023-05-15]. http：//www.nrta.gov.cn/art/2021/10/20/art_ 113_ 58228.html.

的过程中，如何防范技术带来的风险，也值得我们进一步思考。

第五节　加强队伍建设，培育核心竞争力

媒体的核心优势是人才优势，提升传播能力的关键是人才竞争。在构建全媒体传播体系的进程中，需要一大批全媒型、专家型、复合型、高层次、国际化的人才队伍。近年来，新闻战线树立强烈的人才意识，大兴识才、爱才、敬才、用才之风，努力优化成才环境，为新闻舆论工作集中了一批优秀人才队伍。

注重源头培养，为新闻人才"扣好第一颗扣子"。在新闻工作中，新闻传播教学是从业者的"第一颗扣子"，教学的方向、质量与成效在很大程度上决定着人才队伍素养与水平。当前，业界与学界共同为探索改进马克思主义新闻观教学，做出了一些新的尝试，把马克思主义贯穿到新闻理论研究、新闻教学实践中去，让新闻传播学真正成为一门以马克思主义为指导的学科，让学新闻的学生真听、真信、真用，从"扣好第一颗扣子"开始，自觉用理论指导实践，真正成为牢固树立马克思主义新闻观的优秀人才。

2013年底，中央宣传部、教育部联合发出《关于地方党委宣传部门与高等学校共建新闻学院的意见》，指导上海、北京、江苏、山东等省、市党委宣传部与有关高校开展共建工作，支持高校新闻学院建设。此后，光明日报社、新华社、人民日报社等央媒也先后与有关高校签署共建协议。"部校共建"等举措将马克思主义新闻观贯穿新

闻教学全过程、融入新闻人才培养各环节，为培养更多党和人民信赖的人才提供了新思路和新方法。

强化实践锻炼，践行"四力"，在实干中成才。"脚力、眼力、脑力、笔力"是对新闻人才综合素质的内在要求和具象表达，也是新闻工作者实现个人价值和社会价值统一、履职尽责和成长成才统一的必由之路。增强"四力"，就是要积极适应时代发展和人民的需求，提升履行任务和推动事业发展的能力，培养勇于承担责任、踏实务实、善于创新的良好作风，以更好地展示新面貌、焕发新活力、创造新成就。

2019年1月1日，中共中央宣传部印发《宣传思想战线开展增强"脚力、眼力、脑力、笔力"教育实践工作的指导意见》。教育实践工作自此正式启动，目前已经成为一项融入日常、抓在日常的基础性、战略性工程。

完善激励机制，促进人才持续健康发展。良好的体制机制是人才成长的加速器。近年来，新闻媒体深化人事制度改革，不断创新人才引进、培养、评价、激励等方面的机制，建立了一系列科学高效的人才管理体制。深化人才评价机制改革，强化绩效考核和激励机制；实行灵活用人制度，打破部门、岗位、级别等限制；建立健全人才培养机制，注重培养综合素质和专业能力，提高创新能力和竞争力，为新闻队伍的发展提供了有力支撑。

2017年5月，中央宣传部、中央编办、财政部、人力资源社会保障部联合印发《关于深化中央主要新闻单位采编播管岗位人事管理制度改革的试行意见》，根据中央统一部署，中央主要新闻单位统筹配置现有编制资源，开展人员编制总量管理试点工作，规范用工制度,完善考核评价和退出机制,形成推动媒体融合的用人机制,加大政策支持力度,把全面从严治党的要求贯彻落实到思想政治建设和作风建设之中,不断健全监督机制。①

新闻媒体也在积极探索新的人才管理制度。人民日报社打通社企人才流动通道,鼓励人才双向流动,出台《关于推进干部人才全面互通融合的意见》,构建创新、开放的融合发展人才格局,在新闻采编领域做好高层次人才的推介选拔,在经营管理领域做好高层次人才引进遴选;新华社深入推进人事制度改革,探索灵活高效的人才培养方法和激励机制,拓展采编人员发展空间,营造更多吸纳和留住采编人员的平台。②

第六节 涵养网络空间,积极宣扬时代新风

互联网是人类文明发展的重要成果,已经深刻改变了人们的生活、工作和学习方式。互联网的普及和发展,给经济社会发展带来了巨大的机遇和挑战。一方面,互联网促进了信息传播、商业交易、文化交流等方面的发展,推动了经济和社会的进步;另一方面,互联网

---

① 深化人事管理制度改革 不断增强新闻舆论工作队伍事业心归属感忠诚度——中央宣传部等4部门负责人答记者问[N]. 经济日报,2017-05-11 (8).
② 中国记协网:中国记协发布《中国新闻事业发展报告(2016年)》[R/OL]. (2017-05-31) [2023-05-16]. http://www.xinhuanet.com//zgjx/2017-05/31/c_136314150_2.htm.

也带来了信息泛滥、网络安全、违法犯罪等问题，对监管和治理提出了严峻的挑战。发展好、治理好互联网，让互联网更好地造福人类，是世界各国的共同追求。

没有健康的网络环境，就没有健康的传播体系。提升传播能力的现代化水平，涵养健康的网络空间是其中重要环节。特别是在当前的新媒体时代，网上舆论工作的形式发生了巨大的变化，管理者与引导者逐渐跳出了简单管控的传统方式，不断参与其中、深入进去、运用起来，以网对网，提升了网络治理能力，让网民汲取正能量，自觉培育和践行社会主义核心价值观。

加强互联网内容建设。近年来，新闻战线把工作的战略重点、优质资源和优秀人才都投入互联网的主阵地之上，在主阵地唱响主旋律、打好主动仗。

主流媒体正在加快发展步伐，加强对新技术的应用和创新，推动媒体融合和业务创新，积极发展互动性高、服务性强、体验感丰富的信息产品，实现新闻传播全方位覆盖、全天候延伸、多领域拓展，推动主流舆论的声音占领网络阵地；深入践行网上群众路线，进一步构筑起网上网下同心圆。

建立网络综合治理体系。面对网络空间治理前所未有的艰巨性和复杂性，我国积极应对互联网新技术、新应用、新业态、新模式所带来的风险挑战，并采取了一系列措施来推进网络法治的建设。

一方面，我国在包括法治理念、内容、方式、方法等方面，进行全方位的网络法治创新，积极探索适应互联网时代的法律体系和规则，努力提高法律的适应性和可操作性。

另一方面，我国加强了对新技术、新领域的规制和管理，完善和创新了算法、区块链等新技术新领域规则，填补了重要领域的制度空白区，以创新引领网络法治，建立网络综合治理体系，全面提升网络治理效能。

2019年7月24日，习近平主持召开中央全面深化改革委员会第九次会议，审议通过《关于加快建立网络综合治理体系的意见》（以下简称《意见》）。会议指出，要坚持系统性谋划、综合性治理、体系化推进，逐步建立起涵盖领导管理、正能量传播、内容管控、社会协同、网络法治、技术治网等各方面的网络综合治理体系，全方位提升网络综合治理能力。① 该《意见》的出台，推动了网络治理从多头管理到协同治理、从事后管理到过程治理的转变。

《新时代的中国网络法治建设》指出，从2012年至今，我国已制定出台网络领域立法140余部，基本形成了以《宪法》为根本，以法律、行政法规、部门规章和地方性法规、地方政府规章为依托，以传统立法为基础，以网络内容建设与管理、网络安全和信息化等网络专门立法为主干的网络法律体系。② 面对网络信息治理这一世界性难题，网信部门组织开展"清朗"系列专项行动，截至2022年8月，针对"饭圈"乱象、互联网账户乱象、网络暴力等突出问题开展了30多项专项整治，清理违法和不良信息200多亿条、账号近14

---

① 习近平主持召开中央全面深化改革委员会第九次会议强调 紧密结合"不忘初心、牢记使命"主题教育 推动改革补短板强弱项激活力抓落实［N］. 经济日报，2019-07-25（1）.

② 中华人民共和国国务院新闻办公室. 新时代的中国网络法治建设［N］. 经济日报，2023-03-17（10）.

亿个。①

营造清朗的网络空间。网络空间是亿万网民的精神家园，健康网络生态环境建设必须依托于安全、公平、健康、文明、清朗的网络空间，否则将成为无源之水。近年来，我国一直本着对人民负责、对社会负责的宗旨与态度，以网络信息内容为主要的规制对象，持续净化网络空间。

针对网络淫秽色情、虚假信息、网络暴力、算法滥用等反映强烈的突出问题，网信部门持续开展"净网"等系列专项行动，对传播各类违法违规信息的网站平台，采取约谈、责令改正、罚款等多种措施。督促网站平台履行主体责任，合法合规对用户信息进行管理，建立网络信息安全投诉、举报机制，形成了治理合力。②

全国"扫黄打非"工作扎实深入开展"正道""新风"集中行动和专项整治，从严打击、深入治理利用网络制作传播有害信息，严肃查处危害少年儿童健康成长的"邪典片"和传播淫秽低俗信息的网络平台，多管齐下营造清朗的网络空间。

国家互联网信息办公室发起"网络安全宣传周""护苗行动"等系列活动，推动"中国好网民"工程建设。教育部、全国总工会、共青团中央、全国妇联、全国少工委等部门也协同发力，创造性地推出"校园好网民""职工好网民""青年好网民""巾帼好网民"和"少年好网民"等一系列活动。

---

① 张璁. 从网络大国向网络强国阔步迈进［N］. 人民日报, 2022-08-20 (4).
② 中华人民共和国国务院新闻办公室. 新时代的中国网络法治建设［N］. 经济日报, 2023-03-17 (10).

新闻媒体在培养民众网络素养方面发挥着重要作用。2019年8月，中国香港地区持续发生极端暴力违法事件，激进分子多次将国旗丢入海中，侮辱国旗，引发了全国人民的极大愤慨和强烈谴责。在这个背景下，央视新闻新媒体发起了"我是护旗手"网络活动，引发网友强烈共鸣，持续占据热搜话题榜榜首。微博话题阅读量总计超过50亿人次。这次活动的成功，彰显了"中国好网民"精神正在深入每一个网民的心中。

第四章
做强新型主流媒体的守正与创新

主流媒体是新闻宣传工作的主阵地、舆论引导的主力军，发挥着不可替代的作用。主流媒体的传播力、影响力、引导力、公信力直接决定着新闻舆论工作的成效，决定着新闻舆论阵地是否牢固，也决定着我国媒体国际传播竞争力的强弱。

新型主流媒体的守正与创新是辩证统一、相辅相成的，只有在守正的基础上，才能更好地实现创新，而创新又是新型主流媒体发展的关键。做强新型主流媒体，要突出"新型"，要在做强新平台、做优新内容、掌握传播新规律等方面下功夫；要守住"主流"，保持战略定力，坚持正确价值观，唱响主旋律，用大流量让正能量更澎湃。

在新时代条件下，党中央从巩固宣传思想文化阵地、壮大主流思想舆论的高度，将打造新型主流媒体上升为国家战略，推动媒体深度融合发展，是顺应时代发展变化，巩固和拓展主流思想舆论阵地，牢牢占据舆论引导、思想引领、文化传承、服务人民的传播制高点的必由之路和必然选择。

第一节 新型主流媒体的"硬件"与"软件"

近年来,随着媒体融合不断向纵深发展,新型主流媒体的建设步伐越来越快。主流媒体已不再是最初的被迫转型,而是积极主动探索媒体转型升级之路,通过流程优化、平台再造、资源整合等方式,构建形态多样、手段先进、具有竞争力的新型主流媒体。同时,着力打造全媒体传播体系,以内容建设为根本,以先进技术为支撑,以创新管理为保障,充分发挥主流媒体在新时代的舆论引领作用。

建设新型主流媒体,推进媒体深度融合,需要的不是单打独斗,也不是闭门造车,更不是另起炉灶、另搞一套。打造新型主流媒体,不是简单的报纸和网络相互融合,而是要以遵循新闻传播规律和新兴媒体发展规律为前提,依托主流媒体生产优质内容的主体力量,同时借助新的传播技术、体制机制等,最大限度地实现信息共享、资源整合,进一步提高社会效益和经济效益。在这个过程中,先进技术是"硬件",体制机制是"软件",两者缺一不可。

一、强化先进技术"硬件",持续赋能全媒传播体系

积极拥抱先进技术,是全媒体时代传统媒体业务创新发展的需求。技术对于媒体深度融合发展而言,如同"发动机"和"加速器",是媒体融合的先导力量与核心要素。随着现代信息技术的不断发展,新兴传播技术迭代升级的速度越来越快,新的媒体形态、传播

渠道、传播载体不断出现，推动了媒体传播理念和内容样态的不断革新，媒体机构纷纷顺应传媒业发展新趋势，积极采用先进的传播技术，赋能新闻生产和传播全环节、全流程，不断提升媒体融合传播能力。

技术革新给人们的信息传播活动带来了极大的便捷。随着移动互联网的发展，移动端已成为用户最主要的信息接收方式，用户可以通过移动媒体积极发表自己的见解与看法，也可以随时随地获取资讯。在推动媒体融合转型的纵深发展进程中，新型主流媒体坚持移动优先策略，综合运用新技术、新手段、新形态，紧跟媒体形态发展新趋势、新应用、新场景，通过大数据采集、数据库智慧应用、人工智能等新技术的加持，深耕内容生产、研发移动互联平台及移动端，全方位提升媒介平台融合一体化发展水平，形成载体多样、渠道丰富、覆盖广泛的移动传播矩阵，布局合理、功能完备、特色鲜明、形态多样并具有可持续发展能力的智慧媒体平台已取得重要进展。

当前，已有多家主流媒体集团完成了主流媒体平台建设实践。许多新型主流媒体致力于打造全媒体采编系统，逐步建立适合自身需求的生产支撑体系，融合"策、采、编、评、发、推、馈"各生产环节，通过各系统的集成和对接，实现多种媒介形态生产能力的融通，有效地推进新媒体技术平台与生产支撑体系的深度融合。通过技术手段，融媒体产品生产效率极大提高，新闻信息"一源多发"能力显著增强，高效全媒传播体系正在加速形成。

比如，新华社推出了我国第一个媒体人工智能平台——媒体大脑，在重大报道实践中打造出了多个优质融媒体新闻产品，陆续发布的全球首个 AI 合成主播、全球首个站立式 AI 合成主播、全球首位 AI 合成女主播、全球首位 3D 版 AI 合成主播，不断为用户带来全新的新闻资讯体验。

二、优化体制机制"软件"，不断寻求传播效果最优解

融合发展是做强主流新型媒体的必答题。随着融合走向深入，许多媒体从流程优化、平台再造入手，着力推动管理体制、组织架构、用人机制、激励手段的革新，尽快从"相加"阶段迈向"相融"阶段，真正变"你是你，我是我"为"你就是我，我就是你"。

近年来，中央主要新闻媒体在推进深度融合发展过程中充分发挥传统资源优势，积极推进内容生产供给侧结构性改革，全方位开展创新，推动生产全过程全流程融合发展，抢占媒体融合浪潮中的先机。同时，广泛运用互联网信息技术手段，逐步建立融合传播矩阵，打造了多个叫好又叫座的融合产品，推动主流价值导向触达多种用户平台终端，极大地提升了主流宣传效果。

各地方媒体也纷纷开拓新媒体市场，围绕内容生产、媒介形态、话语方式以及体制机制等方面，不断探新探优，推动有序有力的发展态势。许多传统媒体利用其内容优势和品牌优势，实现了新闻信息从采集到深加工的一体化，打破了传播渠道的壁垒，设立融媒体中心，在移动传播环境中，不断提升自身的传播能力。

此外，还有不少媒体正在以更加开放的姿态谋求发展，不仅进一步利用内部资源，也加快利用外部资源，不断开发、整合传播资源，充分利用第三方平台增强推广力量，深入了解不同平台的分发机制和

流量逻辑,通过合作使内容生产、分发和传播相互衔接,形成自有平台传播矩阵和外部资源传播方阵的推广合力,从而推动舆论引导和信息传播实现最佳效果。同时,通过研究不同平台的运行特点和传播规律,媒体将优质内容对接各平台时,制定差别化的推广策略和方案,优化呈现方式,以适应用户分众化、差异化的传播趋势,实现定制传播、垂直传播和精准传播,形成立体化传播网络。

第二节 新型主流媒体的流程再造

互联网正在加速重构舆论传播格局,传统媒体的生产流程被改变,固有的传播边界被打破,内容生产、传播形态等生态链都在重塑,传统主流媒体的阵地、手段、方法和效果等受到极大冲击。

融合发展伴随着新型主流媒体生产和传播机制的重构。面对当下全新的技术、平台、渠道、内容、流程的融合语境,新型主流媒体摒弃传播传统媒介思维方式,站在全媒体传播格局的视角,初步完成了从形态重构到边界重构再到价值重构的过程,在技术手段、内容生产、产业运作、经营管理等方面寻求创新点,在内容和形式上有很大突破,重塑生产流程带来的传播效果日益凸显。

实践表明,媒体融合是一个全新的生态系统再造过程,除了内容、渠道、平台、经营、管理等需要一体化新格局,更需要在互联网思维下重新构建一个闭环生态系统,从选题策划、内容生产、舆情监测、传播效果评估、用户行为分析等方面,全面提升新闻生产力和传

第四章 做强新型主流媒体的守正与创新

播力。

移动智媒时代,媒体报道的传播流程大大延展,新闻生产供应链作为一个动态系统,每个环节密不可分,相互作用、相互影响。媒体报道要取得良好的传播效果,需要全流程各环节有效配合,并根据传播反馈形成有效调控的闭环。

当前,许多新闻单位在优化组织架构上发力,以机构优化为抓手,优化新闻生产、改革运转流程,建设适应媒体融合发展态势和需求的新闻生产组织架构,释放新闻生产力;摆脱传统媒体逻辑和"策、采、编、发"流程的束缚,正视传播短板,融合报道流程与机制,建成协调统一的组织架构、传播体系和工作机制,形成一条融媒体供应链,构建完整的内容生态闭环,实现新闻生产布局合理化与传播渠道全能化。

近年来,《经济日报》从生产全流程发力,推动新闻生产组织架构调整与优化。先后建立了评论工作委员会、深度报道工作委员会、企业报道团队等,由决策层统筹重点内容的全媒策划、采写、编辑、制作与传播等全流程、一体化运作。改变了各部门各自为政的组织架构,业务上打破了传统媒体与新媒体的界限,部分流程打通运行,弥合融媒体生产在机制、流程、空间上的割裂状态,运行效率明显提升。

作为最早探索融合转型的县级媒体,浙江省长兴县2011年成立了集广电、报业、网站于一体的长兴传媒集团,创新"媒体+"产业链,积极开拓新的传播方式和平台,利用大数据、短视频、移动直播、H5等新技术制作多元化产品,自主研发"融媒眼"智慧系统,打造集中指挥、统一调度、资源共享的多媒体融合系统,在平台、内容等各方面上取得了一定成就。

从具体实践成果来看,主流媒体多以"一次采集、多种生成、多元传播"作为技术平台建设的基本思路。依托传统媒体与新媒体的多渠道融合生产模式,充分运用大数据平台的相关服务,构建策划中心、采编中心、资源中心、可视化中心与运营中心,形成集舆情研判、统一采集、分类加工、集中分发、传播效果评估于一体的新型智能化内容生产平台。[①]

此外,随着"万物皆媒"的移动互联时代的到来,主流媒体也在主动探索让受众成为新生产力,嵌入生产传播系统的生产模式,努力当好社会舆论的引导者和组织者,把网民的力量和资源统筹运用起来,吸引用户参与新闻信息生产与传播过程,形成做好新闻宣传和舆论引导的强大合力。

2021年以来,经济日报社先后举办了2021年"春节七天乐"全国新闻摄影大赛、"记录小康生活见证时代变迁——庆祝中国共产党成立100周年"微视频征集活动、2022年"旺旺杯"春节七天乐新闻摄影征集活动等,参与人数累计数万人次,据此制作的各类新媒体产品产生多个爆款佳作,取得了良好的宣传效果和社会影响。通过作品征集的方式来引导广大网民亲身参与重大主题宣传,让受众成为宣传主体,能有效拓展主题宣传维度,符合互联网时代的传播特点和规律,具有吸引力、说服力和感召力。

---

① 徐园,李伟忠. 数据驱动新闻 智能重构媒体——浙报集团"媒立方"技术平台建设的实践与思考 [J]. 新闻与写作, 2018 (1): 97-101.

第三节　新型主流媒体的"视觉革命"

随着新技术的不断迭代进步，媒体能够运用的表现手段也越来越多，人们对于信息的获取方式和呈现方式也发生了很大的变化，新型主流媒体正在进行一场全面的"视觉革命"，着力在视觉呈现方面进行变革与创新。

首先，新型主流媒体采用了更加多元化的视觉表现形式。传统媒体内容呈现模式单一，依赖于文字和图片的排版组合，而新型主流媒体通过运用动态图像、音频、视频等多种表现形式，使得信息呈现更加直观、生动。例如，近年来涌现的短视频，通过短小精悍的视频内容，迎合了人们碎片化的阅读习惯，也让信息传播更加有效。

近年来，《经济日报》积极探索经济宣传的视频表达。2021年，依托百年党史、突出经济视角，《经济日报》推出系列短视频《党史中的经济档案》，体现了主流媒体对建党百年主题宣传的深刻把握。系列视频选取我们党在领导经济建设过程中不同时期具有标志性意义的重大事件，以小切口反映大主题，将厚重历史、伟大实践与新媒体呈现完美结合，内容丰富、形式多样，全面展现了中国共产党100年经济建设的辉煌历程和伟大成就。在视频表现上，该系列视频综合运用"现实影像+数字对比展示+图片包装+场景还原"等多种先进融媒体技术形式，既符合经济新闻传播规律，又具备音视频产品的时代元素。① 产品以大量翔实的数据为基础，丰富独特的数据视觉表现方式赋予产品浓浓的"经济味"。该系列视频策划精心、制作精良、传播精准，全网播放量约 5000 万人次，被上百家媒体账号转发，学习强国平台开设专题突出展示，代表了主流媒体融合发展的积极成果。

其次，新型主流媒体实现了视觉体验的数字化和个性化。通过运用 5G、VR、AR 等先进技术，为用户提供更加真实的视觉体验，增强用户的参与感和沉浸感。同时，新型主流媒体也在视觉呈现方面进行了个性化的创新，通过"用户画像"、大数据分析等手段，为用户提供更加精准的视觉内容呈现，增强用户的个性化体验。

新华社运用 5G、VR、AR 等先进技术创新内容生产和传播方式，推出包括文字、图片、图表、音视频等在内的多元媒体产品，打造可互动、可分享、可体验的新型内容样态，极大地提高了内容产品的感染力和渗透力。2019 年，新华社推出的《60 万米高空看中国》系列短视频，是运用遥感卫星技术创作的一款融媒体产品。该系列产品首创卫星新闻全新报道样式，将卫星数据和图像整合在新闻报道中，将太空视角和地面视角相结合，全方位、立体化地展现了中华人民共和国成立 70 年以来我国各地的发展变化及取得的成就，将内容的思想性和历史的纵深感完美结合在一起。据统计，该系列报道总浏览量超 40 亿次，总互动量超 1.36 亿次。

最后，新型主流媒体还注重在用户体验方面进行创新。新型主流

---

① 李劼，李丹丹. 突出经济视角 展现百年辉煌——经济日报"党史中的经济档案"系列视频的启示 [J]. 传媒, 2021 (21): 17-18+20.

媒体在视觉呈现上的变革不仅是为了让内容更加生动直观，更重要的是为用户提供更加舒适、便捷的浏览体验。例如，新型主流媒体在设计融媒体产品时，注重加强与用户的互动交流，提高用户的关注度和参与度，吸引用户提供新闻线索、报道素材和意见建议，提高用户的关注度和参与度，在互动中参与，在参与中传播。

新华社利用新媒体技术生产出多个"爆款"融媒体产品，如H5作品《给旧时光上色》、新闻互动微纪录片《她的故事，"触"处动人》等，在为用户提供多种融媒体产品的同时，着力提升用户参与感，丰富用户的互动体验。

第四节　新型主流媒体的话语创新

无论媒体的传播形态如何变化，内容始终是取胜的关键，新兴媒体和传统媒体的竞争说到底还是内容的竞争。虽然内容生产和消费日益碎片化，但优质内容依然是网络信息过载和泛滥中的稀缺资源，各类内容平台通过各种方式吸引流量，激烈的流量竞争也使内容平台存在诸多问题，如虚假信息、标题党、内容同质化等。优质内容生产能力是媒体不可替代的核心竞争力，也是提升传播力引导力公信力的重要根基。

近年来，新型主流媒体牢牢把握正确舆论导向，深耕内容领域，凭借其资源优势和专业优势，为用户提供更多优质内容。优质内容离不开话语创新，新型主流媒体做出了许多探索和努力，凭借多元化的表达方式、个性化的话语风格、互动性的话语形式以及创新化的议题设置，取得许多实践成果。

其一，强化问题意识，回应受众关切。宣传效果实现的程度，总是取决于受众的需要程度，强化问题意识，正确阐述新闻热点、及时回应社会关切、理性解答受众疑问，是赢得宣传效果的"不二法门"。

2020年11月3日，蚂蚁集团被暂缓上市，引发各方猜测和议论。《经济日报》第一时间在全网多平台发布权威观点，刊发《蚂蚁集团暂缓上市彰显保护投资者利益的坚定决心》，明确定调"此事彰显了资本市场的严肃性"，打消市场疑虑。此后，蚂蚁集团被金融管理部门二次约谈、三次约谈，《经济日报》及时收集社情民意、跟进引导舆论，相继推出《经济日报评蚂蚁集团被二次约谈：在加强监管中规范发展》《经济日报再评蚂蚁集团被二次约谈：扎牢金融发展的制度"篱笆"》《经济日报评蚂蚁再被约谈：规范发展才有平台经济更好未来》等重要报道，从多个角度详细解读和评论，及时准确地阐释政策意图，有效地发挥了舆论引导作用。此次舆情引导精准把握了时度效，既有热度又有温度，维护了金融消费者利益、投资者权益和资本市场长期健康发展。该系列评论全网累计转载点击超过1亿次，社会反响强烈，凸显了中央媒体正本清源的"压舱石"作用。

"侠客岛"是《人民日报》海外版旗下的新媒体品牌栏目，其专注于时政新闻解读，及时分析国家政策、时事热点和重大新闻事件，坚持以客观理性的分析，解读重大热点事件，坚持党媒底线，坚持正确的舆论导向，以其权威优质的内容和贴近用户的新颖文风，在互联网中拥有广泛的影响力。

第四章 做强新型主流媒体的守正与创新

其二，创新话语表达，运用大众语言。实现大众化传播，创新话语表达是关键。改变"说教式"的输出、"文件化"的表达，善用通俗易懂、生动鲜活的生活话语、大众话语，是赢得读者认可的重要途径。

新华社积极转变话语形态，用通俗易懂的语言与用户进行平等的交流与对话，内容产品既有对大政方针的深刻解读，也有对普通人物的故事讲述；既有崇高严肃的宏大叙事，也有"接地气"的日常生活，更有两者的紧密结合；既有深刻的道理，也有正能量的故事，而故事背后也同样蕴含着人生道理。如《这个快递小哥把自己"寄"到了人民大会堂》，该视频主要讲述了快递小哥柴闪闪从邮政快递的一员到全国人大代表的成长经历。柴闪闪是中国近3亿农民工的缩影，通过这个缩影让人们看到了每一位普通农民工的奋斗历程。

"浙江宣传"微信公众号2022年5月30日上线，最初一个月生产了58篇原创文章，其中22篇阅读量"10万+"，成为2022中国应用新闻传播十大创新案例。其成功的秘诀在于擅长用讲故事、举例子的方式来阐释观点，变抽象为具体，避免读者读完一篇文章感觉全是在讲道理。"浙江宣传"将文件语言、专业术语转化为平实务实的"白话"，杜绝说教、命令，慎用"必须""应该"，努力把语言"软化"，力争有新意、有温度，让人读起来眼前一亮，尊重读者感受，注重引起读者共鸣，避免了自说自话、孤芳自赏。其发布的《历史不会浓缩于一个晚上》开篇写道："愤怒完全可以理解，因为被点燃的是广大国人最朴素的爱国情绪。"有跟帖说，感谢"浙江宣传"理解国人最朴素的爱国情绪。《嘲讽"小镇做题家"是一个危险信号》则这样表达："出生于'小镇'没有什么不光彩，中国有无数个'小镇';通过'做题'来追求梦想、实现自我也没什么不好,'做题'是学习文化知识、检验学习成果的重要手段。不管怎样,没有一种追求更好人生的努力可以被轻视。"引发了网友的极大共鸣。①

其三,立足用户需求,突出分众传播。在全媒体时代,以数据和算法为主导的新闻生产和分发模式,以及终端的"泛媒化"趋势,使新闻的呈现方式越来越趋于个性化,用户的新闻体验不断优化。

在服务上,新型主流媒体注重分众化、互动化,与新技术新手段结合起来,研究分析用户的使用习惯,注重强化与受众的连接,根据用户特点和需求有针对性地生产特色内容产品并进行精准传播、点对点推送,从而提高新闻信息产品的用户到达率,提升传播效率。

从用户视角出发,探索主流新闻报道表达新路径,反映群众所思所想、回应群众关心关切,熟练运用受众喜闻乐见的表达方式和鲜活语言,增强内容和形式的可读性,在传播中抢得先机。

融媒体时代,爆款新闻产品的出炉,不再仅仅是一篇文章、一个视频,而是议题设置成功、跨领域的综合性产品。新型主流媒体以原创拳头作品为基础,打通新闻生产各环节,利用新技术手段一体化策划、分渠道传播,做到主题统一、细节各异,就能以小博大。

第五节 新型主流媒体的服务延展

随着信息传播技术与媒体应用的不断融合,媒体形态、功能、服

---

① 李攀,郑梦莹. 解码"浙江宣传"的文风之变 [J]. 新闻战线,2023 (5):63-65.

务的类型变得更加多样化。全媒体不再仅仅是传播传统意义上的新闻信息的业务功能型载体，而是愈发成为一个融合的、多样的服务型平台，向用户提供多元化的服务。

当前，新型主流媒体纷纷从简单的平台融合转向提供"内容+服务+系统解决方案"，不断满足消费者个性化、专业化需求。传统媒体应从原创内容出发，努力拓展"新闻+产品"，打造全新内容服务空间，提升用户互动体验，提高产品活跃度，推动用户从直接参与到深度参与，更好地形成用户黏性。

事实上，"服务"不是一项后期增加给媒体的新要求，而是媒体天然的属性。通过扮演信息传播和舆论引导等媒介角色，媒体一直都在为国家治理、社会建设、经济发展和民生改善提供服务。然而，当前的媒体生态和受众需求都发生了巨大的变化，这使得对媒体服务的深度、广度和精度等方面提出了新的更高要求。从实践来看，新型主流媒体的服务延展，主要围绕三个方面展开。

其一，强化技术和数据支持。技术手段帮助媒体更快、更准确地获取用户需求和反馈，并将这些数据转化为有价值的信息资源，为用户提供更为个性化的服务。同时，技术的不断进步也为创新提供了更多的可能性。

2020年，《经济日报》使用人工智能语音合成和虚拟数字人等技术，在10天内制作完成了《你所需要的防疫小知识》科普短视频100期，在疫情初期及时缓解了大众的焦虑和恐慌情绪，获得了良好的社会反响和社会效益。

其二，善用品牌资源，精准定位垂直服务。媒体根据自身品牌资源，选择与之匹配的服务领域进行深耕。针对特定的用户群体，提供更加专业、个性化的服务体验，并在原有服务形态的基础上，通过不断创新，提供更加丰富的服务形态，从而赢得受众信赖。

2017年，光明日报社将网络直播引入非物质文化遗产传播领域，推出了系列直播活动后，与多家直播平台合作，通过网络直播让网友近距离了解非物质文化遗产技艺，激发他们对中华优秀传统文化的兴趣和热爱。这一活动使得许多身处偏远地区的非物质文化遗产传承人得到了年轻网友的关注与喜爱。此后，光明日报社陆续组织了"年度非遗十大人物""年度非遗十大事件"等活动，还与各地文化园区开展互动，使得光明日报社在非物质文化遗产相关行业和产业中，具备了一定的服务能力。

其三，优化服务设计，增强用户体验。媒体在深入了解用户需求和痛点后，通过设计、开发和测试等环节，不断完善服务的流程和细节，从界面设计、交互设计、内容设计等多个维度，提高用户的操作便利性、视觉体验和感官体验。

2022年8月，由《南方日报》、"南方+"客户端打造的"在+求职"服务应用及专属南方号正式上线运营，为用户提供广东省公务员、企事业单位等权威招聘资讯。在"南方+"客户端的服务页面中，用户可以点击"在+求职"应用，进入"公务员""企事业单位"和"职（执）业资格"三大板块，每个板块都提供不同的职业信息。此外，应用下方还有"人才资讯"板块，为广大用户提供人才服务等方面的权威发布内容。点击"在+求职"Logo，还可以跳转进入相应的南方号，南方号与服务应用内容同步更新，用户点击订阅后，可以第一时间掌握最新发布的岗位信息。

随着社会的发展和科技的进步，新型主流媒体的服务延展也将不断地发展和创新，其中有两个趋势值得注意。

一方面，AI技术和个性化服务。随着人工智能技术的不断进步，通过用户行为分析、数据挖掘等技术手段，媒体可以更好地了解用户需求，提供更加精准的服务。例如，新闻客户端可以根据用户的阅读偏好，推送与其兴趣相关的新闻内容。此外，AI技术的应用还可以提高服务效率，减少人力成本，进一步提升服务型媒体的竞争力。

另一方面，国际化和本土化并重。媒体需要在全球化的背景下寻求自身的发展定位，可以借鉴国际先进经验，学习先进的管理和技术手段，提高自身的服务水平和竞争力，也需要注重本土化的发展，了解本地用户的文化特点和需求，推出更加符合本地市场的服务。例如，新闻客户端可以针对不同国家和地区，推出不同的新闻内容和服务模式。

总之，新型主流媒体在发展中需要不断创新和改进，把握时代发展的机遇，以更加优质的服务满足用户需求。

第五章

统筹把握不同传播主体的关系与作用

新闻媒体肩负着正面宣传引导、塑造主流舆论的重任，是主流意识形态和社会主义价值观传播的中坚力量。但在当下的媒体架构中，各类媒体的发展现状呈现出不同的优势与短板。

推进媒体深度融合发展，要有效整合各种媒介资源、生产要素，推动在信息内容、技术应用、平台终端、管理手段等方面共融互通，统筹处理好传统媒体和新兴媒体、中央媒体和地方媒体、主流媒体和商业平台、大众化媒体和专业性媒体的关系，形成资源集约、结构合理、差异发展、协同高效的全媒体传播体系。①

第一节 传统媒体和新兴媒体相加相融

在互联网出现以前，传统媒体牢牢掌握着新闻生产和传播的主导权，具有强大的传播力和影响力，是读者获取资讯的主要渠道，对人们的日常生活和行为决策产生着重要影响。在传统媒体时代，媒体的

---

① 中共中央办公厅，国务院办公厅．"十四五"文化发展规划［N］．经济日报，2022-08-17：(10)．

竞争更多体现在内容生产和传播能力上，压力主要来源于媒体行业内部竞争，如党报、都市报、广播电视之间的竞争。

随着近些年移动互联网普及，新兴媒体不断涌现，在议程设置、舆论引导、热点生成等方面的影响力越来越大，冲击着以往传统媒体主导的传播格局。个性化推荐平台、信息聚合平台、社交平台等不断挤压着传统媒体的生存空间，传统媒体舆论引导力和话语权遭到了前所未有的挑战，传统内容生产的规则被打破。

传统媒体其自身优势在于专业性、影响力、品牌性和公信力，以及在长期发展过程中所积累的各种渠道等资源优势。但新兴媒体的出现，导致传统媒体的优势逐渐被碎片化、移动化传播语境消解。新兴媒体形态不仅改变了信息生产模式，还改变了人们的生活方式和交往方式。网络媒体、移动电子媒体等新兴媒体在大数据、人工智能、云技术的助力下，显示出明显的技术终端优势和强劲的发展势头。

但是，新兴媒体与传统媒体不是完全对立的关系，而是可以相互借力、相互融合的。新兴媒体具有明显的即时性、交互性和共享性，而传统媒体拥有丰富的内容资源和专业的新闻生产团队。传统主流媒体通过内容、渠道、平台、经营、管理等深度融合，调整自己在互联网时代的战略和方法，正在不断增强其传播力、引导力、影响力、公信力。

传统媒体和新兴媒体相加相融，融合发展持续走向深入，新型主流媒体在媒介形态、传播理念、平台渠道、技术支撑、管理模式等方面都发生了非常大的变化。新型主流媒体之"新"不仅在于技术新，更重要的是理念新、思维新、实践新，在继续履行传统主流媒体的职责和使命的同时，为国家治理能力与治理体系的现代化服务，推动社会共识的达成，从而实现社会层面的大融合。

在互联网时代，新型主流媒体继续承担传统主流媒体的社会责任和使命，但其在媒体形态、传播内容服务形式、传播终端等方面，与传统主流媒体有显著不同。在媒体形态上，新型主流媒体既包括传统主流媒体形态，还包括融合新媒体矩阵等全媒体形态；在传播内容服务形式上，新型主流媒体提供融媒体内容服务，包括内容多样化和形态多元化；在传播终端上，新型主流媒体具有多终端立体传播的能力。新型主流媒体是以媒体融合为核心的一体化发展，是在新媒介生态下继续发挥主流媒体的功能和使命，即维护党和国家的形象，传递主流价值观，弘扬主旋律，承担社会责任，传播真实、权威的信息等。

第二节　主流媒体和商业平台借力助力

传统主流媒体的传播模式，是以内容为主要资源而进行的单向的、单样态的、固化的线性传播模式。相比较而言，商业平台更注重用户思维，采用的是以"内容+社交"的方式进行的双向的、多样态的、互动的非线性传播模式。商业平台以用户需求为导向，注重用户体验，不仅提供多元化的信息产品，而且还为用户搭建信息生产和社交传播的平台，通过技术革新，不断完善其服务体系，拥有了更多的用户和市场。

互联网时代，主流媒体的竞争压力不仅来自媒体之间，也来自商业平台。在传统媒体时代，报纸、广播、电视等大众传媒是人们获取信息和资讯的主要渠道与路径，主流媒体牢牢掌握着信息传播的权力与优势。但是随着新兴媒体的出现和发展，各类商业媒体逐渐成为人们获取新闻的重要渠道，传统主流媒体的信息主导权受到了极大的冲击和挑战。相比而言，商业平台的覆盖率要普遍高于主流媒体。如今，商业平台成为优质资源的传播渠道，网络上的社交媒体、商业平台占据着更大的市场份额和用户群体，商业类资讯客户端的覆盖率大大高于一些主流媒体客户端，很多主流媒体的优质内容，都需要借助第三方平台扩大影响力。此外，商业平台对受众的信息获取和行为决策发挥着极大的影响力，拥有算法和用户的商业平台，已经成为信息传播的重要渠道。

而主流媒体的优势在于公信力高于商业平台。公信力是媒体在长期的新闻实践中所获得的，来自受众的一种信任资源，是媒体软实力的一种体现，也是主流媒体实现和提升其传播力、引导力、影响力的重要保障。

主流媒体的公信力较高，但是其覆盖率相对较低，而商业类平台虽然覆盖范围广泛，但是其公信力却低于主流媒体。这种矛盾说明新型主流媒体的优势和价值没有得到充分发挥，同时也说明公信力所包含的优势和资源还没有得到充分挖掘。为了解决这种矛盾，新型主流媒体需要更加注重创新，积极探索新的内容形式和传播方式，以适应新时代受众的需求和变化；加强与商业类平台的合作，通过共同发掘和整合资源，提升媒体的综合实力和影响力。

在这种背景下，主流媒体和商业平台相互借力助力成为一种趋势。在主流媒体与商业平台的合作中，主流媒体具有较强的专业性和权威性以及更为专业的把关能力等优势，商业平台则可以充分发挥技术、资金、用户等资源，提供创新性思路和手段，激发广大受众的交互传播能力，从而在合作中获得主流媒体认可，提升平台价值。

第三节　中央媒体和地方媒体差异互补

近年来，从中央到地方、从传统媒体到新媒体，媒体机构都在新型主流媒体建设方面开始了各种尝试和探索，既取得了积极的成效，也遇到了不少的挑战。媒介深度重构的时代，不仅考验着主流媒体的全方位专业素养与本领，同时更考验着主流媒体的舆论引导力及社会治理能力。

加强主流舆论阵地不光是中央媒体的社会责任，地方媒体也义不容辞地发挥着打通中央到地方舆论通道的重要作用。从现象级的中央新型主流媒体到县级融媒体中心，在提升传播能力现代化水平的过程中，都发挥着重要作用。

中央媒体的综合性资源优势显著。其自身强势的权威地位决定了突出的资源调动和聚合优势，品牌力和影响力更大。中央媒体大多面向全国用户，受众面更为广泛，用户资源优势突出。此外，中央媒体专业人才的综合业务能力往往更加突出，较高的政治素养和专业能力是对相关从业人员的基本要求。

中央媒体的短板主要表现为其在各省市的驻地记者站人力资源有限,一定程度上制约了获取和处理当地新闻线索的时效性,本地化不足。此外,在平台建设方面,中央媒体的平台开放性有限,虽然受众广泛,但宽泛的定位导致用户群体不够精准,可能存在"用户画像"不清晰、活跃度低等问题。

地方媒体是构建全媒体传播体系的重要组成部分。地方媒体具有承上启下的作用,拥有更加丰富的本地化新闻信息。地方媒体更方便因地制宜,根据当地实际情况统筹各类资源,加强上下联动和横向合作。此外,地方媒体与用户实际生产生活的贴近性更强,在内容生产和传播上也更易获得受众的认可和互动,便于巩固形成稳定的受众群体,增强用户黏性。

地方媒体参与社会治理功能日益彰显,社会功能不断拓展。近年来,诸多地方主流媒体加快媒体融合转型,不断提升智能化、数字化水平,融媒体建设进展迅速。通过打造综合性宣传平台、服务平台等措施,创新探索"新闻+政务服务商务"的发展路径,并广泛参与到当地的便民服务、智慧城市建设等基层服务和社会治理等领域,传播力、影响力提升明显,巩固壮大了基层主流舆论阵地。

地方媒体的短板主要在于覆盖面相对有限,缺乏中央媒体融合发展所需要的支撑条件,也缺乏统筹资源的运营能力。加快媒体融合发展是一项长期的战略目标,但是地方主流媒体在资金、技术、人才、市场等方面,与中央主流媒体尚存在较大差距。

中央媒体和地方媒体差异互补,是完善传播矩阵建设的重要举措。央地联动推进媒体融合发展已成为媒体发展的重要趋势。比如,中央电视台、《人民日报》、新华社等中央媒体与地方媒体等进行深度合作，共同推进媒体融合发展，形成央地联动的良好局面。在央地联动中，中央媒体通过与地方媒体的合作，实现了对全国范围内的新闻事件的全方位报道，同时也加强了对地方媒体的指导和帮助，促进了地方媒体的发展。

2020年底，新华网客户端和闪电新闻客户端合作，在"央、省、市、县"四级融媒体中心的内容互通、数据共享、整合传播、融合赋能、政商服务等领域达成深度合作，协同构建一体化智能媒体资源平台，首开"央、省、市、县"四级融媒互融互通模式先河。①

在中央主流媒体的引领下，地方媒体的融合发展整体呈现多元化、多端口、多服务的发展特色，凸显了地方主流媒体在融合实践中的基础功能作用。目前，我国新型主流媒体的发展进入攻坚期，要想克服传统媒体时代"千媒一面"的媒介生态格局，不同地方的新型主流媒体要因地制宜，依据每个地域新型主流媒体的差异化因素，在中央主流媒体的引领下、在标准化的转型中，坚持地方新型主流媒体差异化竞争战略，强化媒介发展布局战略上的操作性和灵活性，用求同存异的包容心态、敢于创新的专业化生产力，共同构建地方新型主流媒体协同高效的现代传播体系。

面对地方重大事件，地方新型主流媒体探索建立重大新闻项目协同报道机制，着力打造地方媒体融媒体"组合拳"，想方设法集聚内部资源，形成区域内部的"长尾效应"。从自身的优势范围内找准定

---

① 谭鲁民. 可视化表达 短视频突破 靶向式传播——闪电新闻客户端积极探索融媒新路径［J］. 视听界，2021（4）：28-30.

位,力争成为区域的综合"头部平台",尤其强化区域内部的特色服务项目,根据区域具体情况处理好新闻和服务的关系,建设集成式平台,把服务做得深入精细,做出特色优势,以区域特色服务优势扩大用户规模。

比如,为了建设成区域性生态级媒体平台,湖北长江广电传媒集团有限责任公司在新型主流媒体转型过程中,通过建立"长江云"大数据中心媒体云平台,在内容上和数据上不断创新,成为湖北省规模最大的区域融媒平台,同时也是湖北省新闻信息内容生产的门户枢纽、区域高地。

第四节 大众化媒体和专业性媒体互鉴共进

大众化媒体为受众提供信息服务、生产创意内容、引导主流舆论,逐渐成为全媒体传播体系的重要支撑。比如,近年来,包括上海发布、广东发布、问政银川、深圳卫健委、共青团中央、珠海交警等在内的一大批政务新媒体,充分利用政府独家资源,阐释政策、公开信息、服务民生,在复杂的互联网舆论场中扮演着满足信息需求、回应公众关切的重要角色。

各类社交平台的低门槛、移动化、交互性传播效能,为大众化媒体发展提供了巨大便利。在全媒体传播体系建设中,大众化媒体要继续发挥联系群众的作用,根据不同平台的受众定位和媒介使用习惯精准洞察和识别用户需求,在传播内容中坚持以人为本、创新公共传播话语体系，持续回应公众关切、打造多样化精细化的信息服务。同时，还须探索生产流程的再造、传播效率的提升，平衡好内容生产的数量和质量关系，找到大众化媒体可持续性发展的模式。

相比于大众化媒体，专业性媒体的受众群体更加具有针对性，传播面相对较窄，传播目标更为明确，能够满足受众的专业需求，提供更为专业化的信息和服务，为行业和领域的发展提供助力。

在全媒体传播时代，大众化媒体和专业性媒体互鉴共进的趋势明显。大众化媒体在追求传播覆盖面的同时，更加注重内容的专业性；专业性媒体也在不断推动内容传播的可读性，用通俗易懂的方式表达以降低阅读门槛，获得更为广泛的传播。

《经济日报》在可视化的实践中，为专业新闻的大众化传播找到了一个可行的答案。《经济日报》的数据版数据与图表、主图与配图、形式与内容相得益彰，以"一数胜千言"的方式，让冰冷的数据"活起来"，让读者对中国的消费市场有了更加直观和清晰的认知。小莉"100秒"栏目，契合新媒体"短、实、新"规律，除了体现新闻性和信息量，更加注重互动性和趣味性，选题上既体现国家经济发展大势，又与民众生活息息相关，贴合互联网的表达方式，也为"00后"等年轻群体近距离了解、观察宏观经济，打开了一条渠道。

财新传媒下属的财新网，形成对某一事物完整、深刻的大众化报道，及时、准确、清晰地回应公众关切，用专业化内容生产和浅显易懂的大众化方式向公众释疑解惑。作为财经类专业媒体的企业观察报，财新网专注于财经报道，既有专业性，传播财经知识；又有服务性，为企业提供财经资讯、政策解读；还有民生性，为老百姓的"钱袋子"和生产生活等提供实用信息和知识的指导。①

大众化媒体和专业性媒体是传媒行业中两个不可或缺的组成部分。在当前媒体融合的背景下，大众化媒体和专业性媒体应该协同发力，相互补充，实现资源的优化配置和最大化利用，提高传媒行业整体水平和竞争力，促进我国传媒事业的健康可持续发展。

第五节　统筹不同传播主体关系的对策分析

新形势下，面对当下网络传播更为多元的和复杂的舆论生态，要营造好舆论的新环境，推动媒体融合发展，积极统筹处理好传统媒体和新兴媒体、中央媒体和地方媒体、主流媒体和商业平台、大众化媒体和专业性媒体的关系。②

首先，牢牢抓住意识形态工作主线。意识形态工作是为国家立心、为民族立魂的工作。在增强中华文明传播力影响力的过程中讲好中国故事、放大中国声音，根本动力都在于建设具有强大凝聚力和引领力的社会主义意识形态。在建设全媒体传播体系、塑造主流舆论新格局的过程中，要始终以建设具有强大凝聚力和引领力的社会主义意

---

① 张东明，邹高翔，汤凯锋．"弯道超车"的可能性：财经媒体深融发展前瞻［J］．新闻战线，2021（11）：43-46.
② 中共中央办公厅，国务院办公厅．"十四五"文化发展规划［N］．经济日报，2022-08-17：（10）.

识形态为核心目标。

技术赋能既保障了公众的表达权、监督权和参与权，也带来了谣言滋生、信息混杂、灰黑内容快速扩散等舆论治理问题。具有较强信息属性和社交属性的互联网平台，是各类网络舆论和社会思潮生成、交互的主阵地，其多元化、圈层化的传播特点也加剧了舆论的复杂化。

实现传播能力的现代化，要在有效治理的基础上积极利用好互联网平台，充分鼓励各类媒体传播主旋律、放大正能量，在深度推进媒体融合的进程中实现从"你中有我，我中有你"向"你就是我，我就是你"的形态转变，守护好意识形态的主阵地。

主流媒体的新闻工作者、政务机构媒体的公共传播者、互联网平台企业的信息产业从业者，要共同在全媒体传播体系建设中服务和贡献于主流舆论新格局的塑造，以形成具有强大凝聚力和引领力的社会主义意识形态。

其次，加快推进传播矩阵建设。各类媒体都需要增强深度融合的意识，提升移动传播的思维和内容创新的本领，以优质信息供给为己任，以互联网平台为载体，不断扩大自身的传播力、引导力、影响力和公信力。主流媒体更是要以高度的责任感和紧迫性，推进体制机制改革，创新叙事话语和形态，扩大沉淀有效用户群体，加快建成一系列新型主流媒体矩阵和新型主流媒体平台，让主旋律和正能量传得更广、更远、更深。

主流媒体要加快建设自主可控的互联网平台，在充分发挥自身内容优势的同时，提高平台的开放性，实现内容与技术相互支撑、内容与渠道有机结合，从而牢牢掌握传播的主动权和主导权，使主流媒体再次成为人们获取新闻资源的重要平台和主要渠道。

平台建设不仅要致力于信息传播和新闻聚合，还要积极将其打造为服务平台、用户聚合平台、资源聚合平台，为媒体与用户、媒体与媒体之间的交流互动提供技术支持和信息共享，促进媒体之间的融合发展。除信息服务外，新型主流媒体通过搭建自有平台连接外部资源，促进价值空间延伸，将服务延伸到更多领域。

此外，建设全媒体传播体系要成为贯通各级主流媒体的纵轴，突破网上网下以及内宣外宣二元结构，特别是要处理好主流媒体与商业互联网平台的关系。商业平台既是网络化社会中数字传播的核心枢纽，也是信息生产、交互和触达用户的关键主体。当前，以微博、微信、抖音等为代表的互联网平台，通过发挥强大的信息收集整合功能，依靠庞大的用户群体和发达的智能技术，成为网络内容传播的"数字中间基础设施"，是信息触达的主渠道、舆论生成的主阵地。

《"十四五"文化发展规划》明确提出，全媒体传播体系建设要推进中央、省级、市地级和县级四级主流媒体建设。各地要进一步研究明确地市党媒改革发展总体要求，筑牢意识形态主阵地，充分发挥地方媒体特色优势，构建全媒体传播体系，统筹推进融媒体中心建设，不断提升地方媒体的传播力和竞争力。全国地方党报要握指成拳，将自身建设成为强有力的思想文化堡垒阵地，形成强大的内容生产传播能力，集聚分布于全国各地的主流媒体传播力量，为构建国家全媒体传播体系夯实关键环节、基础阵地。

再次，发挥好舆论引导"定盘星"作用。建设具有强大凝聚力和引领力的社会主义意识形态，巩固全党全国各族人民团结奋斗的共同思想基础，要以提升传播能力为抓手，进一步做好舆论引导工作，形成塑造主流舆论新格局的新机制。

创新互联网传播手段，不仅要在形式上实现舆论引导的"入眼入耳"，更要在实质上达成舆论引导的"入脑入心"。当前，外部意识形态的持续渗透、内部网络社会思潮的分化、主流价值传播效果的受限，是影响舆论格局的三大因素。主流媒体要善于设置议题、优化报道框架、探索话语创新，及时洞察舆论态势与社会心态，积极回应公众关切，发挥好舆论引导"压舱石"和"定盘星"的作用。

创新建设党媒互联网传播治理平台，持续强化党媒社会治理功能。鼓励主流媒体积极参与到政务民生服务、智慧城市建设中来，并充分发挥市场作用，持续推进数字经济等相关产业融合发展，助力社会治理。各级主流媒体合力打造健康的数字生态和积极向上的网络生态，进一步创新畅通群众诉求通道，坚守互联网主阵地。

推进内容生产供给侧结构性改革，完善高质量内容产出机制，推广互动式、服务式、场景式传播，强化新一代信息技术支撑引领作用，支持主流媒体重塑采编流程、建设平台终端、优化管理手段、强化版权保护、打造媒体资源数据库、提升内容生产力、占据传播制高点，创新媒体业态、传播方式和运营模式，强化用户连接，发挥制度优势和市场作用，增强主流媒体竞争力。①

最后，完善资源共享的能力建设。当前，各类媒体不断创新合作

---

① 中共中央办公厅，国务院办公厅．"十四五"文化发展规划［N］．经济日报，2022-08-17；（10）．

新模式、新思路,打破边界局限,重视结果导向,积极推进资源互补和共享。

媒体机构与商业平台共同推进平台与内容合作。媒体机构与商业平台在资源方面存在互补关系,媒体与商业平台可以形成基于内容载体的资源共享。媒体借助商业平台的开放性这一基础特征和优势,盘活社会资源和用户资源,打造多层次、多元性的受众体系。商业平台协助媒体机构进行内容分发、向用户导流。通过合作,双方在扩大宣传报道影响力、提升媒体引导力、扩大商业平台受欢迎程度等方面实现效果最大化,达成双赢甚至多赢。

中央媒体可以发挥主流媒体的权威性和引导力,整合新闻资源,推出质量优秀、特色鲜明、形式多样的内容产品,借助平台优势扩大优质内容的传播力、影响力,满足广大受众的多元化、个性化需求,发出主流媒体的更强声音。

值得注意的是,媒体机构与商业平台之间的合作有时会因逻辑和诉求不同而导致矛盾。媒体以报道内容为中心,并在传播过程中输出价值导向,而商业平台以用户为中心,在传播过程中更重要的是服务用户、留住用户乃至扩大用户。媒体入驻商业平台、达成合作的原始动机是拓展传播渠道,更好地传播自身生产的优质内容,通过内容吸引平台用户,从而扩大传播力和影响力,更加牢固地掌握舆论主导权。但是鉴于商业平台的多样性和差异化,很多时候媒体机构没有足够的人力和精力将内容针对每一个平台的传播特点进行适应性制作和修改。如此一来,内容在平台的传播效果可能无法达到预期。为此,媒体机构更加需要深入研究传播规律,在差异化、分众化、精准化上下功夫，提高主流内容的"出场率"。此外，商业平台也要不断提高站位，主动用主流价值观驾驭"算法"，为涵养网络空间贡献力量。

  中央级媒体借助整体的资源优势，搭建适应融媒体生产、可以共享使用的技术平台。通过自主平台的建设，将自身与各级媒体带入共同的价值链。如新华社"现场云"全国服务平台是基于移动互联网、以直播为主要形态的原创新闻移动化在线生产平台，不仅为县级媒体提供硬件技术，也为之提供业务指导。"现场云"编辑团队通过入户走访，将技术送上门，也定期组织区县级融媒体中心从业人员前往新华社总部参与集中培训，让其向"现场云"编辑人员跟班学习，将技术平台的使用方式、中央级媒体的日常工作经验分享给县级媒体从业人员。①

---

① 蔡雯，汪惠怡. 现代化传播体系建设中的资源共享与边界重构[J]. 传媒观察，2021（11）：5-12.

第六章
筑牢网络传播阵地的媒体实践

伴随着互联网的发展，新媒体技术不断革新，全媒体时代到来了。在新的形势下怎样把好网络传播阵地，持续占领信息传播制高点，继续传播好党的声音、宣传好党的方针政策，凝心聚力引导社会风向，是提升传播能力现代化水平，打造全媒体传播新格局的重要课题。

第一节　积极适应网络传播的媒体实践

为了积极占领网络传播阵地，各级媒体使出了"十八般武艺"。全方位提升自身对网络传播阵地的理解和把握，努力放大自身优势，做大正面宣传、壮大主流舆论，力求在网络传播阵地继续提高传播力、引导力、影响力和公信力，凝聚群众共识、汇聚为中国梦奋斗的磅礴力量。

一、持续擦亮公信力"金字招牌"

"题材重大""来源权威""报道准确""客观理性"是长期以来

主流媒体在读者群心里生成的独有形象。特别是在举行重要活动、报道突发事件等关键时间节点，读者更倾向选择主流媒体，跟进最准确的进展情况。因此，主流媒体要发挥好自身优势，在保持一贯的高水准业务水平基础上，运用互联网这一更迅捷的传播方式，及时准确地带给读者更具公信力的新闻内容。

例如，第三十届中国新闻奖获奖作品《神秘"曹园"》，起源于2019年3月，央广新闻热线收到一封实名举报材料，反映牡丹江的国有林地里，有一个叫"曹园"的地方违法占地、违法毁林面积惊人。同时，网络上对其的关注与讨论非常热烈。真相到底是怎样的？收到材料后，记者对"曹园"的"前世今生"展开深入调查，一层层地揭开了其神秘面纱。这类敢碰硬、求真相、带着正义与公心制作的新闻作品，在网上获得了很高的关注度。这个"曹园"成了反面典型，给公众带来了很大的启发和警示，起到了正面传播效果。这件作品不仅对"绿水青山就是金山银山"理念进行了更好的宣传，还在网民心中夯实了主流媒体权威性和公信力的认知基础。

二、不断深耕新闻报道核心能力

"内容为王"的观念永不过时，这也是媒体在抢占网络传播阵地时赖以生存的重要手段之一。深度报道是媒体的"拿手绝活"，深入基层、走进百姓生活，是锻炼"脚力、眼力、脑力、笔力"的最佳方式。在实践中，新闻人不断强化"四力"，抓"活鱼"，采水灵的"料"，促进了与网民的良性互动。

湖南广播电视台的作品《祖国知道我·冰河忠魂》感人至深，

记者与戍边战士同吃同住，展现戍边战士的艰辛与不易，感动了无数网民。山东广播电视台的作品《黄河滩区脱贫大迁建》，讲述了全面建成小康社会主题下的动人故事。记者通过长期的跟踪、蹲点采访，抓住迁建的感人细节，精准聚焦扶贫、脱贫的真实面貌，将百姓对黄河的情感、对迁入新家开始新生活的激动深刻表达出来，令人动容。

除了"做深"，还有"整活"。媒体的工作是与时俱进的，通过认识、掌握新技术新变化，不断创新新闻生产、传播等形式，进一步发挥优势，做精做好内容，才能在网络传播阵地上继续发挥公信力、权威性，提升影响力。在实践过程中，媒体机构始终把内容生产放在首位，绷紧业务水平这根弦，生产出了许多符合网络传播特点，同时又有品质、有内涵、导向正、有嚼头的优秀新闻作品。

比如，中国日报社在2019年全国两会期间，将新闻报道与当时在国外比较流行的VLOG形式结合。《VLOG：小姐姐的两会初体验》系列视频成了当时很有实验意义的新闻产品。这套产品通过时政新闻的人格化表达与碎片场景的主题性呈现，摆脱了"说教"，多了"交流"，受到网民、特别是年轻网民群体的热烈欢迎，在海内外也形成了较大的传播力和影响力。

三、强化新闻矩阵拓宽传播渠道

如今的很多媒体不再一味信奉"酒香不怕巷子深"，而是把新闻内容"叫好又叫座"作为发展目标。除了深耕内容生产这块沃土以外，对渠道的重视程度也日渐提升。好内容确实离不开好渠道，为了在网络传播中获得更好的传播效果，媒体深度融合发展道路不断走深、走实。

做大做强新闻传播矩阵，不少媒体在以下四个方面发力：一是主责主业的多样转化与深度传播，如多家报社将电子报投入手机移动端，《光明日报》的新闻客户端报纸频道中，不少用心的设计让读者眼前一亮，提升了电子报的阅读覆盖面。二是自建平台持续扩大影响力，不少媒体的新闻客户端会举办与读者的互动活动，增强用户黏性，提升传播效果。三是搭载社交平台特别是短视频平台的快车，促进传播内容进生活、进社交，继而入脑入心。四是第三方平台的延展与扩充，在很多聚合类并不生产内容的第三方平台扩大自己原创内容的影响力与知名度。

不仅主流媒体的传播矩阵有力拓宽了传播渠道，构建得丰富有序，各类媒体也都在传播矩阵中不断"圈粉"。"天津交警"新媒体矩阵是公安系统里取得不俗成绩的案例之一。早在 2014 年，就开通"天津交通"微博、微信、抖音等内容，推出了交通演示动画、"旅游路书""警观"等多项新媒体产品，起到了很好的宣传作用。

第二节 打好网络传播的"组合拳"

受到不断发展的技术影响，人们通过手机或电脑，打开电子报、电子杂志、新闻网站、社交平台等应用，便可轻松实现"天下之事尽收眼底"，网络传播日益呈现出即时性、生动性和互动性的特点。信息多了，媒体对网民关注度的"争抢"也就更激烈，精彩的、生动形象的、形式多元的内容更受网民欢迎。媒体机构也在适应网络传播规律过程中转型升级、渐行渐稳。

第一，适应即时性。新闻领域有句传播很广的话，叫"最好的新闻在现场"。读者乘着互联网的"海浪"，希望得到更快、更新的信息。其中，直播就是反映新闻现场的最为直接、迅速的体裁，不少主流媒体已经开展了广泛应用。例如，《庆祝中国共产党成立100周年大会特别报道》是中央广播电视总台的电视直播。通过直播让观众沉浸式地感受到了庆祝中国共产党成立100周年大会盛况。整个特别报道直播作品策划精心、延展得当，获得了很高的收视率，给观众留下了深刻的印象。

《一路奔冬奥 一起向未来——北京冬奥会开幕倒计时100天》是北京广播电视台的电视直播作品。通过技术手段展示了场馆建设、冬奥交通、文化传播、冬奥遗产规划等多角度内容，激发了观众对北京冬奥会的热忱。

除了大型主题报道，我们在生活中不难发现，每逢重大主题新闻发布会等内容，媒体机构的社交平台、新闻客户端等都会进行直播。读者能够足不出户，轻松在指尖获得新闻现场的最新信息。

第二，提高生动性。媒体机构在网络传播阵地做宣传，不一定只输出严肃新闻，还可以通过多种技术手法的运用，通过新媒体表达方式生动讲述。例如，《经济日报》的产品《"数说70年"数据新闻可视化系列短视频》是主流媒体适应网络传播特性，向生动性探索的成功典型。这套产品是重大主题内容，为展现中华人民共和国成立70周年发展成果，依据数据可视化技术制作而成的短视频系列产品。

从消费、饮食、大国工程、数字经济、生态、外贸 6 个方面，以生动活泼的表现手法、亲和力强的数据动态表现形式、丰富的产品配套综合呈现。

第三，重视互动性。越来越多的媒体机构开始注重产品的"刊发后环节"，反映了在读者对获取信息有更高自主选择权的现在，媒体机构对网络传播互动性的重视。如今的很多媒体机构通过引入技术手段，寻求推广自身原创内容的更好渠道和方式。在微信公众平台上，不少媒体机构的官方号在评论区与网民进行了及时准确、幽默诙谐、温情脉脉等不同风格的交流，拉近了媒体机构与读者的距离，提升了互动能力。

湖南广播电视台芒果云客户端推出的产品《一张照片背后的第七年》，聚焦精准扶贫首倡地——十八洞村，呈现了其多年来因精准扶贫带来的巨大改变。该产品从一张照片开始，通过 H5 互动形式徐徐展开，小切口、接地气、互动性强。该产品推出后赢得了很好的反响，里面很多平凡又感人的故事还被延展制作成视频等更多形式的新闻产品，形成了立体融合的报道。

第三节　牵住观点传播的"牛鼻子"

网络使新闻产品更具接近性与互动性，也使得观点传播相较于传统媒介生态有了很多变化。传统媒介生态中的观点更加注重社会性和公共性，而网络环境中的观点传播则更加体现隐匿性、分散性和多元性。

信息过载时代，稀缺的是"注意力"，媒体机构占据信息传播制高点的关键在于争夺"注意力"，而牵住"注意力"的"牛鼻子"的关键则在于做好内容建设、做强观点传播。

一、清醒认识原发性网络观点的问题

传统媒体机构的新闻生产流程是严肃且严格的，这保证了其发布的新闻信息的准确性和可靠性。相比之下，自媒体和社交媒体原生于互联网，缺乏类似于传统媒体的严格"把关"机制。这种缺失容易导致非理性的网络议题在网络空间中蔓延，破坏了网络空间中的公共秩序和信息信任度。自媒体和社交媒体的信息发布容易被个人情感、偏见和利益所影响，而这些因素不利于传递准确和客观的信息。

"沉默的螺旋"现象在网络环境中更为突出。网民发现自己的观点被更多人点赞或欢迎，就会积极参与大胆发声并自主扩散，一旦发现一些观点很少人理会，且还有被观点另一方攻击的潜在风险，便会保持沉默。在这样的螺旋式发展过程中，可能一方的意见就会越来越强大，另一方则默默弱化甚至消失。当一种观点在网络上形成压倒性态势时，非理性集体宣泄便很容易促使导向偏移、观点偏激等情况发生。

在网络环境中，存在着各方利益，一些人为了个人心理需求或者商业目的，会通过网络社交平台等媒介进行病毒式传播，故意用虚假的信息设置议题。例如，在2023年第一季度，抖音平台就对虚假摆拍、仿冒他人、伪公益等不实信息进行治理。其中就有为博取流量，虚假摆拍为大凉山老人发放现金，摆拍"被前夫殴打"视频等造谣传谣的虚假信息。观点的根基在于真实的新闻，虚假信息必然导致"妄语""妄论""妄断"，给网络空间甚至现实社会环境造成不良影响。

二、主流媒体做强观点传播的优势

随着技术的不断发展和移动网络终端的高频应用，网络平台已经成为舆论生成、传播和发酵的重要场所。这种趋势对于主流媒体来说是一个重要的挑战和机遇。面对这种形势，主流媒体应该迎头赶上、主动出击，积极推进媒体融合转型升级，以适应网络舆论生成机制的变化，提升舆论引导能力，推动网络舆论正向发展。

在纷繁复杂的网络信息世界中，主流媒体做强观点传播有其特有的优势。

第一，客观权威属性获得更多信任。网民历经网络信息浪潮的发展后，已经对于新闻事件发生后的弄虚作假、各种反转、网上意见领袖带节奏等现象表现出厌倦情绪。相比之下，坚持原则的主流媒体收获了更多信赖，在信息内容传播中坚守底线、理性分析、大胆设置议题，直面"群魔乱舞"带偏舆论的观点，受到网民欢迎，推动了舆论平稳有序的形成，维护了社会的稳定与安宁。

第二，专业能力过硬解读角度吸睛。网络中形形色色的主体都在发声，发表自己的观点和见闻。网民通过不断追踪跟进，可以多剖面、多角度地对新闻事件积累更多理解。但不是所有的发声主体都具备良好的问题分析能力和解读角度、思路。主流媒体政治素养高、专业能力强，拥有优秀的采编队伍。面对关系到人民群众切身利益的事件，主流媒体的声音总能给网民以更高效、更深度、更权威的观点，给网络舆论场送来清朗之气、公义之风。

第三，语言理性客观促进互信共识。在自由活跃的网络中，经常看到很多突发事件的分析观点颇为偏激。这是自媒体的属性导致的，其观点多从自身角度出发，"怎么想的就怎么说""怎么吸引眼球就怎么说"，这样一来，偏激的言论容易被网络放大，导致舆情进一步发酵。主流媒体机构语言表达上理性客观，可信赖程度高。特别是媒体融合发展以来，不少主流媒体学会了更为时兴的表达，用恰当的、接地气的表达方式说出理性中正的观点，受到网民好评，赢得了更多信赖。

三、做好观点传播的对策分析

互联网已成为信息传播的主阵地，媒体机构有责任去寻求社会的最大公约数，鼓励团结人民。在人民利益至上的基础上，互联网可以成为交流沟通、凝聚共识的平台。在这里，媒体机构要始终占好"主声部"，不能偏离、不能缺位、不能失语，积极创新舆论引导方式，以观点打动人心、凝聚力量，营造与国共进的良好氛围。

其一，强化新闻敏感度，保持观点的新鲜度。近年来，随着互联网和移动技术的不断发展，媒体机构已经开始向各大网络新闻平台、社交平台等布局，将网络作为自己的重要阵地，积极发声、亮明观点，取得了不错的传播效果。这种成效与媒体机构源远流长的发展历史和不断积累的新闻实践能力是分不开的。

第六章　筑牢网络传播阵地的媒体实践

在网络舆论场，媒体机构应持续提升新闻敏感度和反应速度，以更好地适应快速变化的舆论环境。在事件"一开始""过程中""刚结束""再回首"等不同阶段，适时推出含金量高的观点及相关产品，以吸引公众的关注和提高自身的影响力。此外，媒体机构还需要注重产品多样化和个性化，以适应不同受众的需求和口味，增强用户黏性和忠诚度。总之，媒体机构在网络舆论场中应该不断提升自身的竞争力和影响力，为社会提供更加优质、多样、有价值的新闻服务。

其二，摒弃"唯流量"论，坚守观点的专业性。在当今的网络传播中，媒体机构所面临的挑战越来越多，其中最为突出的是传播主体的多元化和议题设置的难度升级。在这个过程中，媒体机构不能仅仅追求流量和浏览量等数据，而需要更加注重自身的价值和影响力。"学古不泥古、破法不悖法"，媒体机构不能一味地去追求短期的数据，而应该坚守初心，保持自己的专业性和公正性。

在做强观点传播过程中，媒体机构需要耳聪目明、头脑清醒，不被虚假信息和跟风者蒙蔽。只有通过正本清源和激浊扬清，才能在网络舆论场中维持好理性、平稳的秩序。因此，在观点表达时，媒体机构需要进行理性的思考和专业的判断，以发表出真实、客观、富有价值的声音。只有这样，才能为整个网络舆论场的建设和发展做出积极贡献。

其三，培养创新意识，增强观点的传播力。近年来，媒体机构所生产的新闻产品日益呈现出风格鲜明、制作精良的特点，这些产品受到了网民的高度评价。这些都是媒体机构加快创新速度，在新的传播环境中经营好自己的"变"与"不变"所取得的成果。然而，媒体机构不能满足于当前的成果，应该继续前行，继续坚守初心使命，延续过硬业务能力，同时吸纳新技术、新手法、新创意，掌握不同技术发展带来的"新打法"，打造更多富有媒体特色的产品。

只有这样，媒体机构才能够不断满足网民的需求，实现更好的传播效果。媒体机构应该充分利用网络这一广阔的平台，让符合主流价值观的观点通过更有趣的形式、更多网络载体传递到网民手中，提高自身在网络传播中的影响力和竞争力。媒体机构要不断探索创新，不断推出更加优质、贴近用户需求的产品，从而更好地满足广大网民的需求。

其四，扩大传播声量，做大观点的触达面。随着新兴网络平台的不断涌现，媒体机构应该积极布局，发挥其固有的专业新闻素养优势，不断扩大后续影响力链条。发表观点后，媒体机构可以与新兴网络平台开展对接工作，实现更有效的观点推广，从而扩大传播声量。

不仅如此，媒体机构还可以与不同的主体合作，强强联手，共同扩大议题的影响面，让观点传播获得更大的关注度。通过推广正能量观点，扩大主旋律传播，用大流量弘扬正能量，让网络空间更加清朗。

第四节 守好议题设置的"压舱石"

传播学上的"议题设置"（或称议程设置）理论，是指大众传媒虽然不能直接决定人们怎样思考；但是它可以为人们确定哪些问题是最重要的。[1] 在网络传播中，议题设置得好不好，往往对舆论引导起

---

[1] 何临青，包圆圆．互联网时代传统主流媒体打造"正面议题"的路径探讨[J]．江苏社会科学，2015（5）：255-258．

着决定性作用，扮演着"压舱石"的角色。媒体机构应合理运用传播规律，更好运用议题设置能力，打造关注度高的正面议题，实现弘扬主旋律、激发正能量的作用。

一、正确认识议题设置的重要性

在移动互联网技术蓬勃发展的今天，人们通过手机等移动设备轻松接受网络丰富的信息内容，并深度参与互动。网络与媒介的新闻信息易得性使得舆论场变得更加热闹，网络个体不断争夺舆论场中的流量资源。为牢牢把握网络传播阵地，媒体机构通过议题设置进行舆论引导的重要性就显得更为突出。做好议题设置工作，是提升宣传工作成效、引领社会舆论方向、凝聚共同奋斗力量的重要手段。

首先，提升宣传工作成效。设置议题是媒体机构在网络传播阵地上扩大声量、发挥作用的重要工作。在设置议题过程中，必须尊重受众主体性，把受众的注意力吸引过来是第一步，然后通过对公众认知和价值判断的引导，达到宣传工作的预期效果。主动设置议题时，要注意将想要宣传的好内容与社会热点相结合，助推议题成为热点，推动良好的社会宣传氛围。

其次，引导社会舆论方向。在网络舆论环境里，媒体机构议题设置能力作用发挥的强弱，直接影响着其社会舆论引导能力的成效。媒体机构要时刻牢记其属性，在恰当时机主动安排网络议题，吸引网民关注，做好正能量的报道、社会主旋律的弘扬，营造良好的社会氛围。

最后，凝聚共同奋斗力量。在网络上的议题设置能够更大限度地整合社会力量。一方面，要注意契合网民对网络信息的使用习惯，多换位思考，从情感层面契合网民的关注与需求。用通俗易懂、接地气、更富有人情味的表达方式对理论议题、大政方针予以阐释。另一方面，网络上的议题设置，可以更好地利用网络互动性强的特点，搭建服务平台，倾听网民声音、优化工作方法，在昂扬奋进的氛围中，将一个个网民的个体力量聚合到实现中国梦的伟大事业中。

2021年云南大象北上南归的新闻备受关注，这是一次巧用议题设置，做好观点传播的典型事例。云南大象北上南归活动范围扩大时，新华社、央视网等开始重点关注，应用直播等报道形式，不断提高报道频次，引发众多网民关注，主流媒体与社交媒体开设话题的互相强化，使得媒介议程走向公众议程。此后，主流媒体不断引导网民关注生态环境治理、野生动物保护、人类命运共同体等更具深度的话题，增强了网民共建美丽中国、美丽地球的信念。从总体来看，这是一次主流媒体机构成功的议题设置实践，值得总结方法、经验。

二、议题设置的规范与引导

在新闻舆论工作中，议题设置是非常关键的一环，对舆论引导工作的方向、效果等方面产生着重要的影响。议题设置的背后，隐藏着传播媒介、设置主体的利益诉求和价值判断。客观、真实的议题有助于理性、公平的社会舆论风向形成，而不正当的、不审慎的议题很容易对社会造成负面影响。

在议题设置方面，媒体机构责任重大。要报道好重大新闻事件，选择人民群众关心的议题进行设置，并选择有效传播路径，做好党的路线方针政策宣传。媒体机构应着眼大势，持续提升议题设置的前瞻性、主动性、针对性和时效性。在一个个议题深入人心的步伐中持续提升引导力，让符合主流价值观的观点更多地影响公众，以主流价值推动公众舆论，使得媒体议程与公众议程紧密结合，理直气壮地在网络上唱响主旋律。

想要掌握传播主导权，媒体机构就必须强化网络议题设置能力。要想提高议题设置能力，主流媒体机构需要在议题设置工作中关注议题设置的导向，关注议题发展趋势，提升共情能力，把握好时、度、效。

第一，要关注议题设置的导向。新闻舆论工作必须以正面为主，团结鼓劲。媒体机构要通过在不同宣传平台进行议题设置，构建话题体系，源源不断地做好宣传引导工作。正面主题立得住，低俗甚至不良的话题才会被边缘化，从而被网民抛弃，这样才能形成、维持网络空间的风清气正。

议题的表达能够直接影响网民的判断。因此，导向要鲜明正确。不可给人以模棱两可的印象及被别有用心的人"花式解读"的可乘之机。

面对五花八门的负面议题，媒体机构更是要把握导向正确这一原则，提高政治站位，在经过深入考量后，在设置议题时敢于亮剑，激浊扬清，对不当言论和错误观点毫不客气地、旗帜鲜明地开展斗争。

第二，要关注议题发展的趋势。网络舆论有自我构建、复制的功能。也许在初期，网民的反应是不稳定的、是呈现发散状态的，受到其他因素影响较大，当大部分群体认知趋于一致时，会非常影响他们对类似新闻事件的判断。

因此，议题设置不是一劳永逸的工作。要时刻关注网民的讨论态势，一旦发现变化和动向，及时做出预判和引导。确保议题发挥正向作用。

第三，与网民将心比心，提升共情能力。新闻议题与网民的关联性也是重要考虑方面，媒体机构在新媒体平台设置议题时尤其要注意将心比心，与网民共情，在表达方式等方面充分考虑网民的受众心理，努力与网民产生更多共振、凝聚共识。新华社作品《"燃灯校长"送1600多名女孩出深山》视角独特、细节感人，在社会上引发了强烈反响，将网民对张桂梅的讨论推向高潮。作品从张桂梅每天打开教学楼楼道灯这个细节切入，赋予了张桂梅"燃灯校长"这个词语，这个词语后来成了张桂梅的一个标签。饱满的故事、细腻的刻画令人动容，在与网民的深度共情中，释放了打动人心的力量，弘扬了人物背后的时代精神与昂扬奋进的精神面貌。

不仅如此，主流媒体机构还要通过宣传工作鼓励网民自发传播正确的价值观念，对抗不良观点，增强主流价值观在网络上的竞争力。让更多网民成为互联网的自净力量之一，参与到网络舆论场中。

第四，精准把握好时、度、效。找到好的议题和观点，并不意味着就一定能够实现预期传播效果，媒体机构要精准把握时机、技巧方法等，让好的观点"如虎添翼"飞入寻常百姓家。

在议题设置过程中，媒体机构一来要注意时机的把握。虽然有些时候媒体无法成为新闻的第一落点，无法在每个新闻发生时都成为第一个在现场的报道者，但是媒体可以争夺第一个权威解释者，或者最终定调者的角色。对新闻的价值判断和深度分析更能体现出媒体机构的影响力和公信力，深得人心的判断、鲜明的观点更容易引发网民的共鸣。

二来要善用技巧。新闻宣传工作同样讲究分寸感。正面积极、鲜活生动的议题更容易让网民产生理论认同、思想认同和情感认同。分寸感好的议题能够让网民乐意接受，让传播内容入脑入心。

三来要讲究方法。选对观点主体，还要为这个观点议题推出多款个性化、精细化的新闻产品，更有利于观点传播。在2023年两会期间，《经济日报》高度关注议题设置，在互联网上策划主持了系列话题，多个话题登上不同平台的热搜榜单，与网民进行了热烈的互动，传播效果达到预期。例如，在微博平台上，《经济日报》设置的"始终把民营企业当作自己人""中国式现代化成两会热词""两会热议高质量发展"等话题受到网民关注。

第七章

传播能力现代化中的文化作用力分析

文化是一个国家和民族的精神财富，中华优秀传统文化是中华民族的根基，是中华文明的智慧精华。任何有效的传播，都离不开其深厚的文化基因，在探索传播能力现代化的道路上，既要从传统文化中汲取养分，构筑与文脉相成的传播模式，也要充分利用新技术、新手段不断巩固、扩大文化影响力，促进中华优秀传统文化在更广泛范围的传播。

第一节 用传统文化精髓优化传播内容

传统文化精髓是最深厚的软实力，媒体是新闻产品的生产者，也是文化产品创作的生力军。在新传播格局下，媒体必须深化对中华优秀传统文化的理解，找准中华优秀传统文化与现代生活的连接点，进一步丰富表现形式和传播手段，从而增强传播实效。

一、找准传统文化与现代生活的"连接点"

近年来，各类媒体都将传播中华优秀传统文化摆在更重要的位置,在激发公众对传统文化的热情方面发挥了重要作用。但与此同时,也出现了一些不容忽视的问题,有的媒体未能深刻把握媒体环境的变迁,还是延循以往单向传播环境下的思维惯性,没能充分利用好新技术新平台;有的媒体对中华优秀传统文化把握不够、转化不足,对一些不符合社会主义核心价值观的内容大加宣扬;有的媒体过分追求点击率和传播量,过分热衷于娱乐化包装。

文化的本质是"以文化人",媒体必须深刻把握中华优秀传统文化与受众关系,实现更为精准有效的传播,让中华优秀传统文化真正成为大众精神的源头活水。

现代社会中,人们的观念和意识无时无刻不受到媒体潜移默化的影响。媒体必须旗帜鲜明地担当起传播和传承中华优秀传统文化的责任和使命。媒体不仅要履行"文化传播者"职责,也要扮演"文化生产者"和"文化消费促进者"的双重角色,利用品牌和平台优势,整合各方资源,对接好市场和公众需求。

要因势利导,强化中华优秀传统文化议程设置。媒体应深入挖掘中华优秀传统文化的精髓,加深人们对中华优秀传统文化的认知,激活公众的文化需求。要以热点事件为切入点,做好中华优秀传统文化和现代生活的勾连。要找到与现代生活的连接点,融入群众生产生活之中,赋予中华优秀传统文化更为活跃的生命力。

二、呈现传统文化的历史厚度与精神高度

博大精深的中华文明是中华民族独特的精神标识,中华优秀传统文化是讲好中国故事的独特资源。传承与弘扬中华优秀传统文化,既

需要久久为功，更需要花大力气、开动脑筋，创造性运用新方式、新技术，将中华优秀传统文化和精神巧妙融合，促进更高质量的传播。

近年来，电视媒体与网络视听平台持续发力，推出了多主题、多层次、多类型的文化类综艺节目，促进了中华优秀传统文化高质量传播，具有一定的文化价值与创新意义，其创作特点和经验值得总结。

在内容呈现上，文化类综艺节目拓展内容覆盖面，除了诗词、戏曲、文物等领域之外，还延展到典籍、国乐、传统节日、杂技等方面，在思想穿透力、文化影响力、艺术感染力方面下足功夫。由中央广播电视总台联合多家单位共同制作的节目《中国考古大会》，熔考古发掘研究与史海钩沉于一炉，梳理中华文明起源和发展的历史脉络。河南卫视《元宵奇妙夜》《端午奇妙游》《中秋奇妙游》《重阳奇妙游》等"中国节日系列"节目，深度挖掘中国传统节日文化，描摹历史风貌，其国风、国韵、国潮引发一轮轮观看热潮与网络热议，引起观众共鸣。节目《中国地名大会》第二季以地名知识为载体，从地理、历史、文物、民俗等多角度挖掘地名背后的人文底蕴，展现中华大地的深厚文明，唤起观众的家国情怀。

在主题挖掘上，中华优秀传统文化的历史厚度得到进一步呈现。北京卫视节目《上新了·故宫》以新颖的形式为古朴典雅的建筑增添鲜活气息。浙江卫视节目《万里走单骑——遗产里的中国》让观众跟随嘉宾探访中华文明之美，兼具专业性和趣味性。

三、创新表达彰显中华美学

互联网技术的发展为传统文化传播与传承提供了更广阔的想象空

间，让新技术、新理念、新表达具备更多的可能性、更强的可行性。更好地传播中华优秀传统文化，离不开理念创新、形态创新与技术创新。

近年来，主题化、系列化、跨形式，成为文化类综艺节目的突出特点。中央广播电视总台节目《国家宝藏》坚持"让国宝活起来"的创作理念，推出的"展演季"系列节目，开辟了一条文化类综艺细分内容赛道——对国宝进行"主题式"的二次排列组合，为受众"翻译"文物之美，在历史维度上探索古代文明与艺术之源，再提炼和再升华其背后的精神气象。河南卫视和网站共同推出的节目《舞千年》采用影视剧标准，制作故事化综艺，以综艺展示中国舞经典，实现影视、舞蹈、综艺的多重形式融合。

目前，越来越多文化类综艺节目运用先进技术将虚拟场景与现实舞台相融合，让古风习习的诗意舞台彰显光彩夺目的中华审美风范。

第二节 用主流价值观驾驭传播技术

主流价值观是中华传统文化在当代的具体表现，代表了基本的道德伦理，也诠释了真善美的价值取向。算法是基于数据用系统方法描述、解决问题的策略机制。算法用于构建海量信息与海量用户之间的映射关系，但是算法在实现从"人找信息"到"信息找人"的同时，信息茧房、算法黑箱、隐私泄露、低俗内容野蛮生长等问题也随之而来。

我们必须以主流价值观作为算法的"方向盘",建好用好管好网上舆论阵地,坚持正能量是总要求、管得住是硬道理、用得好是真本事。《"十四五"文化发展规划》提出,压实网络平台主体责任、属地管理和主管主办责任,加强和改进内容监管。强化对网络平台的分级分类管理,加快完善平台企业数据收集、使用、管理等方面的法律规范,重点管好影响力大、用户数量多的网络新技术新应用。[①]

一、用主流价值导向驾驭算法

在互联网时代、特别是人工智能技术普及的现在,算法可以根据用户的兴趣甚至价值观定向生成并自动推送新闻,这就可能使得一些没有经过主流价值把关流程的新闻产生大的价值观偏差,影响受众,甚至造成错误的舆论导向。要知道,算法并不是脱离人类社会生产生活而单独运行的,每一次算法的运行实际上都承载着一次价值观的判断、选择与传播。算法不断迭代,甚至自我更新是其智能水平的体现。随着数据日复一日的累积迭代,算法对信息分发、服务提供和资源配置等方面的影响越来越明显,算法技术极大地提高了社会生产效率,对社会生活和公众认知具有越来越大的影响。然而,随之而来的各种问题也引发越来越多的担忧,推荐算法推送同类信息令用户心生厌倦。

---

① 中共中央办公厅,国务院办公厅."十四五"文化发展规划[N].经济日报,2022-08-17(10).

第七章　传播能力现代化中的文化作用力分析

我们既要把握人工智能发展趋势，用得好，也要管得住，有效防范算法滥用带来的风险隐患，更要通过加强算法综合治理，实现以主流价值导向驾驭算法。要对算法进行价值观方面的设计和引导，用主流价值导向来约束算法，确保其运行不偏离正确的价值轨道，进而实现用主流价值导向规范和引导受众行为。在受众尤其是青少年信息获取过程中，不能让推荐算法来决定人们价值观的形成，不能任由推荐算法决定新闻价值观从而导致意识形态安全失衡，更不能因法律、技术监管能力不到位导致算法推荐服务在关键时刻带来舆论风险。可以说，用主流价值导向驾驭算法，加强推荐算法综合治理是一个必答且必须答好的问题。

二、算法应用必须向善向上

算法本质上是人类借助计算机解决问题的一种方法，在设计算法解决具体问题的过程中，不应当抛弃人类社会已有的伦理规范，也不应当忽视社会的主流价值导向。基于数据和人工智能的新闻推荐服务，作为一种具有潜在影响社会群体价值观导向的特殊算法，在其设计和使用过程中，应当将保持人类的主导和对人的保护作为算法的基本约束规则。

新闻工作者是人民的耳目喉舌，必须坚持正确的舆论导向，坚持全心全意为人民服务，这是我国新闻职业道德准则对新闻工作者的基本要求。对于传统媒体和新闻工作者，这些新闻伦理价值的贯彻通过执照、专业素养教育等予以保障。相应地，为了在新闻算法的设计和运用中也对这些新闻伦理原则加以贯彻，应当展开算法伦理和新闻伦理教育，促使设计新闻算法的相关工程师、使用算法的相关机构和个人等具备基本的算法伦理和新闻伦理意识，切实用主流价值导向驾驭算法。

新闻算法应用必须向上向善，必须坚持主流价值导向，必须积极传播正能量，这是社会共识，也是对提供算法推荐服务的相关机构和人员的基本要求。

不得利用算法推荐服务进行危害国家安全、扰乱经济秩序和社会秩序、侵犯他人合法权益等违反法律法规的活动，不得利用算法推荐服务传播法律法规禁止的信息，这是提供算法推荐服务的相关机构和人员必须遵守的底线。

建立人工干预机制、完善用户自主选择机制，积极传播符合主流价值导向的内容，提高正能量传播的精准性和有效性，这是提供算法推荐服务的相关机构和人员应有的价值取向和追求。在设计和运行算法的过程中，算法把关人要明确承担两个方面的把关责任：一是对新闻算法的导向进行约束，明确主流价值观在新闻算法中的导向作用，不一味地追求流量最大化、不一味地片面满足用户需求以获取商业利益；二是当推送内容出现偏差时能够及时采取措施进行算法纠偏和阻断，这是对尚不完善的新闻算法和机器审核等机制的必要补充。贯彻对传统媒体和新兴媒体实行一个标准、一体管理，这些都是落到实处的具体实践措施。

三、构建算法安全监管体系

算法监管不仅需要专业监管队伍和不断提升的依法监管能力，还需要拥有不断迭代的检测、验证、评估工具和技术监管能力，算法综合治理才可能落到实处。监管部门应当具有在不掌握算法内部结构、核心内容的情况下，以一定规则、特定输入条件、输出结果对算法进行综合测试的专业能力；或是根据算法使用者所提供的算法相关情况对其推荐服务结果进行综合验证的专业能力；以及根据相关规定对算法安全做出评估，对其自评估报告进行验证的专业能力。《关于加强互联网信息服务算法综合治理的指导意见》第三部分"构建算法安全监管体系"中就对"积极开展算法安全评估"提出了要求，包括"组织建立专业技术评估队伍，深入分析算法机制机理，评估算法设计、部署和使用等应用环节的缺陷和漏洞，研判算法应用产生的意识形态、社会公平、道德伦理等安全风险，提出针对性应对措施"①。这样的专业技术评估，是有效实施算法综合治理的物质基础。

建立健全有法可依、多元协同、多方参与的算法安全治理机制，是我国进行算法综合治理的组织优势、制度优势所在和重要保障。协同机制建设的基础是权利、义务、责任的配置。通过法律、法规、规章和相关规定，进一步明确政府、企业、行业组织和网民在算法安全治理中的权利、义务和责任，特别是强化企业对算法应用产生结果所负的主体责任，才能够形成政府监管、企业履责、行业自律、社会监督的算法安全多元共治局面。因此，要求企业建立算法安全责任制度和科技伦理审查制度，健全算法安全管理组织机构，加强风险防控和

---

① 中国网信网：关于加强互联网信息服务算法综合治理的指导意见 [R/OL]. (2021-09-29) [2023-05-25]. http://www.cac.gov.cn/2021-09/29/c_1634507915623047.htm.

隐患排查治理，提升应对算法安全突发事件的能力和水平。① 协同机制有效运转也需要各个相关部门依法依规协同运作，需要吸引专业人才队伍，汇聚多方资源投入，为算法安全治理提供有力支撑。

第三节　用中国话语扩大国际传播

在国际上传播好中国声音、讲好中国故事，全方位展示一个真实、立体、全面的中国，是加强我国国际传播能力建设、增强我国国际话语权的重要任务。

在目前国际传播中，西方对中国的主观印象与中国的真实面貌之间存在着反差，中国的软实力和硬实力也存在着差距，导致我们很难在国际上发挥更大的作用。中国文化尤其是中华优秀传统文化的对外传播遇到了一定阻碍，这要求我们应加快构建中国话语体系，更加精准、全面地分析国际传播领域的现状和趋势，科学准确地把握舆论传播的趋势，提高国际传播的针对性和时效性。

一、在国际传播中传递中国价值，阐释中国主张

在当前错综复杂的国际舆论环境中，在进行国际传播时，要注重结合我国发展战略目标，不断加强对我国有利的舆论，尽可能多地减

---

① 中国网信网：关于加强互联网信息服务算法综合治理的指导意见［R/OL］.（2021-09-29）［2023-05-25］. http：//www.cac.gov.cn/2021/09/29/c_ 1634507915623047.htm.

第七章 传播能力现代化中的文化作用力分析

弱或消除国际社会上对中国存在的误解和偏见。通过在国际传播中持续传递中国价值、阐释中国主张、讲好中国故事,让中国声音走向世界,进一步提升国际传播竞争力和影响力。

要在国际传播中构建、打造、加强中国话语,更好地在国际舆论斗争中赢得话语权,树立国家形象,维护国家利益,为中国更好发展积极营造和平有利的国际舆论环境。要在国际传播中介绍中国经验、展现中国风格,让世界听得到、听得清、听得进中国声音。

国际话语权之争,表面上是利益之争,实质上是价值观之争。目前,中国已是世界第二大经济体,但国际舆论环境中存在诸如"中国威胁论""中国责任论""中国崩溃论"等不利于中国的论调。因此,我们要更加重视在国际传播中传递和宣介自身价值,让国际更加了解中国的发展观、价值观等。这也是目前国际传播的通行做法。

要确立中国在国际传播中的主体地位和话语优势。当前中国逐渐发展、强大起来,但依然面临话语权失衡的问题。我们要始终保持清醒,不能一味被西方国家设定的议题牵着鼻子跑。面对新的国际舆论环境,我们应该变被动为主动,着力突破传统思维框架的束缚,加强对舆论形势的研判,不断掌握自身话语权,确立话语优势。

中国价值是中国社会在漫长的历史发展过程中逐渐形成并日益完善的一种独特的价值体系,充满了中国特色,对解决人类社会发展过程中遇到的各类问题具有重要的现实意义。中华文明具有突出的和平性,从根本上决定了中国始终是以建设世界和平、维护国际秩序、促进全球发展为己任,决定了中国不断追求文明交流互鉴,而不搞文化霸权,决定了中国不会把自己的价值观念与政治体制强加于人,决定了中国坚持合作、不搞对抗，决不搞"党同伐异"的小圈子、小动作。

中国的国际传播，就是要向世界阐释中国关于建立公正合理的国际治理体制和治理规则的主张①，倡导用和平方式化解矛盾和纠纷，促进各国之间的交流与合作，合作共赢，从而共同促进人类文明发展。

我们在国际传播中传递中国价值的过程中，要让国际社会更好地认识中国、了解中国，注重向国际社会讲清楚中国价值观与西方价值观的异同，讲清楚中国价值观对促进世界和平发展所能起到的积极作用。这样有利于促进国际社会更好地了解并认同中国主张的价值观，加强同中国的交流合作，凝心聚力，共同构建人类命运共同体。

二、在国际传播中讲好中国故事，展现中国风格

在国际传播中要讲好中国故事，应该以通俗易懂的方式同国际社会交流，通过故事让世界了解中国的价值观念、实践经验等，从而更好地感知中国，与中国和平交往和发展。

中国拥有五千多年文明史，这是全人类共同的财富。在漫长的历史进程中，中国人成功解决了各种问题和挑战，并从中积累了独特丰富的经验和智慧，这对于解决人类社会当前及未来所面临的诸多问题具有重要的借鉴意义。与世界共同分享中国的成功经验做法，是中国对世界的贡献，也是中国愿与世界共同繁荣和平发展的美好愿望。

---

① 徐朝清. 国际传播需加强中国话语表达 [J]. 国际传播，2021（3）：1-7.

中国故事要蕴含中国价值,要善于通过故事中的人物和事迹,将中国人的价值观念化育其中。讲好中国故事,要始终坚定道路自信、理论自信、制度自信、文化自信,坚守中华传统文化精髓,展现中华文明的独特魅力和精髓,讲清中国和平发展的理念和主张,加快构建中国话语和中国叙事体系。

对世界讲好中国故事需要灵活运用不同的方式、方法。不能拘泥于中国人熟悉的传统故事形式,而是要深入研究不同国家和地区的传播对象和特色并融会贯通,通过文学、影视等多种喜闻乐见的形式讲述中国故事,让中国故事更生动立体、富有生命力,也更能有效促进传播。

国际传播要构建、加强有中国特色的话语体系,展现中国风格。一段时间以来,国际传播的话语体系主要被西方国家媒体主导,具有浓厚的西方色彩。在这种背景下,中国为了让世界更多地了解自己,有时不得不用西方话语体系来讲述中国,因此在国际舆论竞争中中国经常处于被动地位。

要改变中国在国际传播中面临的被动局面,当务之急是建设有中国特色的话语体系。我们要依托丰富的中华民族优秀文明成果,深入挖掘中国传统文化的时代价值。在此基础上,提升自身议题设置能力,创新创造具有中国特色的传播表达方式,不断加强在国际舆论竞争中的主动权。在国际传播中向世界展示中国气质、风度和气派,传递中国五千年文明中蕴含的自强不息、厚德载物的精神,展现中国在国际交往中的宽广胸怀。

三、打造融通的中国话语体系，提升国际传播效能

话语体系是国家软实力和巧实力的集中体现。打造融通的中国话语体系是提升国际传播效能的基础。在中国的发展过程中，从来不缺少生动的故事，关键要有讲好故事的能力。故事因鲜活的话语而动人，融通的中国话语既要符合中国国情、体现鲜明中国特色，又要让国外受众容易理解并乐于接受。

从中国话语的国际传播效果看，打造融通的话语体系，才能更好地展现中国故事及其背后的思想力量和精神力量。在当前的国际传播新秩序中，中国需要采用系统观念并加强顶层设计，从国家发展战略的高度出发，构建完备的国际传播战略体系。在这个过程中，中国需要不断提升国际传播效能，以更好地向世界展示真实、立体和全面的中国形象。同时，中国还需要充分利用现代科技手段，加强对外传播的创新和实践，以更好地应对国际传播的机遇和挑战。

构建中国话语与中国叙事体系要牢牢根植于中华民族五千多年灿烂文明、根植于中国特色社会主义道路的伟大探索实践。当前，中国的价值理念在世界范围内得到越来越多的认可，中华文明为推动世界和平发展与进步贡献着越来越多的力量，中国倡导的人类命运共同体理念彰显着中国智慧。在国际传播实践中，这些中国价值、中国智慧、中国精神持续发挥着提升中国话语权的作用。中国话语体系要源源不断地激发中华传统文化的生命力，既要体现中国的开放自信，也要展现中国的谦和包容，通过不断加强中华文化感召力和中国话语说服力，来进一步加强国际传播影响力和舆论引导力。

第七章 传播能力现代化中的文化作用力分析

要加强中国话语在国际传播中设置国家议题的能力，主动彰显中国特色，展示中国风格。在当前国际传播话语框架中，仍然存在西方中心主义与霸权主义，西方媒体不断制造各种抹黑中国、妖魔化中国的错误言论。我们要主动构建独特的中国叙事体系，跳出西方国家主导的叙事逻辑，以共情共鸣的方式，运用丰富的中国经验、生动的中国话语体现中国作为世界大国的责任与担当，打造中国话语优势，破除西方对中国的刻板印象，在世界发展新态势中寻求最大公约数。

要高效整合国际传播资源，更好布局国际传播力量。充分聚合不同类型媒体的传播力量，加强高效协作，突出多种传播主体的国际传播优势，系统集成多样化的传播渠道和传播方式，打造立体化、差异化的国际传播力量格局。

要加强顶层设计与体制机制创新，加大国际传播基础的数字化投入，推动国际传播数字化转型，打造一批具有强大引领力、影响力、传播力的国际一流新型主流媒体。不断拓展数字化国际传播渠道，坚持内容为王和渠道制胜相结合，利用各类数字平台，拓宽国际传播渠道。

要契合数字时代创新国际传播内容和形式，充分运用新兴媒体技术，创新中国故事在国际传播中的表达和呈现形式。比如，广泛运用数字技术，深入分析研判国外受众关注的内容，通过视频、音频、游戏等方式，打造形象化、生动化、多样化的国际传播内容。借助人工智能技术等，对传播内容进行精准传播和个性化推荐，提升国际传播的到达率，增强国际传播的亲和力与吸引力。

要重视受众反馈，形成国际传播闭环。在国际传播中，传播内容到达受众后,并不是传播过程的结束,而是传播环节的开始。要建立受众反馈系统,注重对传播效果长期追踪,建立受众反馈系统。应及时利用媒介工具,采取措施调动受众主动参与传播反馈的积极性,激发受众对传播内容的再传播意愿,从而巩固和扩大国际传播效果。

第八章

新一代信息技术带来的
机遇与挑战

在信息时代，技术是信息传播的基础设施。新一代信息技术，代表着传播路径的效能与发展方向，为信息传播带来更高效、更智能的方式。

近年来，以5G建设为代表的宽带，泛在、融合、安全的信息网络基础设施，互联网核心设备和智能终端，大数据、人工智能、物联网、云计算、区块链等新一代信息技术飞速发展，逐渐融合成为一个大技术生态，这个生态催生了网状信息传播结构，从而为传播格局带来了深刻变革。更加多元化和互动化的传播方式，为人们的信息获取和交流带来了全新的方式和内涵。

第一节 媒体实践新一代信息技术概览

在面对新技术带来的全方位挑战时，媒体面临的不仅是传统渠道受众规模缩小，市场份额下降，也包括自建客户端等新媒体平台账号不断增加、渠道不断拓宽的状况。因此，技术变革带来的并不只是颠覆，更重要的是产生了更多新的发展机遇。

第八章　新一代信息技术带来的机遇与挑战

在信息技术革命的背景下,推动媒体的发展,关键在于如何正确面对这些挑战和机遇。从这个角度来看,拥抱技术革命,善用技术成果,加快媒体深度融合发展,是顺应社会进步和时代发展的必然选择。媒体需要以更加开放的态度去拥抱技术变革,更加主动地运用好技术变革成果,让新一代信息技术,真正成为推动创新发展的强大动力。

当前,媒体正在加速借助新技术的力量再造、优化新闻采编流程。在新技术的帮助下,媒体能够显著提升生产效率,提升媒体竞争力,为读者提供更好的阅读体验;新技术可以为报道内容提供更多、更恰当的呈现选择,让报道鲜活生动、传播力强;依托先进技术建设平台终端,秉持"移动优先"的观念拓展更多平台传递主流声音。具体来看,有以下三个方面的实践值得借鉴。

第一,集成系统筑牢媒体生产技术底座。随着信息技术的发展,采编全流程是否便捷、丰富、高效和安全,成了更多媒体考量的内容。先进技术是新闻信息生产模式转型升级的催化剂,运用先进技术优化采编流程是媒体融合发展的需要,不断发展的先进技术推进媒体生产流程集约化,移动采编、多媒体采编系统等优化升级,有助于新闻生产力更大程度地解放和发展。

目前,不少主流媒体通过广泛集成大数据、云计算等技术,建设、优化了全媒体采编平台,形成了统一指挥调度、高效整合资源、适应多介质生产的新局面。很多媒体优化采编流程后,实现了一次采集、多头加工、全媒分发的优质"生产线",大大提升了新闻生产能力,有力提升了新闻产品的竞争力。

第二,多元技术应用提升报道成色。先进技术引领媒体融合发展、驱动媒体转型升级，进而让新闻内容走得远、传得开。在新一代技术的"加持"下，新闻报道可读、可视、可静、可动，生产的图、文、音视频、直播、交互等多种不同形态融合的产品，满足多终端传播和多种体验需求。未来，移动互联网技术还将不断革新传播方式，技术与报道内容的相融会产生更多"化学反应"。

从产品表现形式方面讲，先进技术给新闻报道"插上了翅膀"，很多媒体依靠先进技术，通过灵活运用多媒体表现形式、巧用多介质推送渠道，让报道鲜活生动、传播力强。

从产品深度、专业性方面讲，大数据等技术给新闻报道带来了快速、优质的数据呈现、分析、解读能力，使得新闻报道的数据驱动性深度不断加深、趋势预测性判断水平不断提高。

第三，平台终端建设抢占传播高地。移动互联网已成为新闻竞争的主战场、信息传播的主渠道。为了加深新闻信息的影响力、提升新闻内容的用户到达率，很多媒体制定并实施起"移动优先"战略，通过运用互联网应用平台和现代信息传播网络，除了增加信息接入口、搭建移动端自有平台外，还积极在社交平台"开疆拓土"，搭建、开发、运用"两微一端"等新的新闻终端及传播载体拓展传播面、增强影响力。

第二节　网络基础设施夯实融合发展根基

目前，我国互联网技术不断进步，并且网络基础设施日益完善。

第八章　新一代信息技术带来的机遇与挑战

5G 和千兆光网已经深度覆盖,全方位、多层次、立体化的网络互联架构已经基本形成,网络服务质量也在加速向世界一流水平迈进。

工业和信息化部数据显示,截至 2023 年第一季度,我国 5G 基站总数达 264.6 万个,5G 移动电话用户达 6.2 亿户,我国已建成全球规模最大、技术领先的网络基础设施。这为融媒体发展提供了极为高效的技术底座和庞大的受众基础。

一、助力加速媒体融合发展的实践

以 5G 建设为代表的宽带、泛在、融合、安全的信息网络基础设施,正在赋能千行百业。5G 作为新一代移动通信技术,具有增强移动宽带、低时延高可靠、海量大连接三大特性,这三大特性与新闻媒体发展的新需求高度契合。工业和信息化部、中央网络安全和信息化委员会办公室、国家发展和改革委员会等十个部门联合印发的《5G 应用"扬帆"行动计划(2021—2023 年)》确立了到 2023 年我国 5G 的发展目标,其中,一个重要的应用领域就是融合媒体。在 "5G+" 的语境下,媒体迎来了更多的想象空间。

从狭义上看,"5G+" 融合媒体应用主要指 5G 技术在新闻报道、节目传播、文化宣传、广告营销、展览展示等具有一定传媒属性的传播活动中的应用。

当前,在我国新闻媒体行业中不断凸显高清视频化、高度互动性、呈现多视角等传播特点,这些特点对于新闻产品和表达形式提出了更高诉求。在 5G 技术支持下,这些诉求得到了新的突破。例如,增强的移动宽带打破了传统媒体中文字、普清视频的限制,可满足超高清的媒介传输要求。

同时，5G 技术加速了以短视频为代表的可视化呈现形式的发展。短视频、直播等表现形式具有用户黏度高、交互性强、传播度广、制作和发布便捷等特点。从一定意义上讲，短视频、直播等形式已经成为重塑网络舆论生态的重要力量。

此外，5G 技术低时延和高可靠性的特点，可以支持 VR（虚拟现实）、AR（增强现实）等新的呈现方式，使全方位的信息呈现成为可能。5G 技术带来了万物互联，让传统的新闻采集和传播方式发生根本性变革。

"央视频"是中央广播电视总台建设的国家级 5G 新媒体平台。建成后生产出了很多技术加持的好产品。例如，2021 年庆祝建党 100 周年之际推出的《VR 党建·百亿像素》项目，将重要建党精神所在地通过大数据技术、三维数字技术、VR 技术等科技手段采集，再通过 H5 交互播放和短视频等形式展示，用新技术传扬了主流价值内容，视觉效果好、传播量高。

从更为宽泛的概念上看，围绕"5G+"融媒体应用，产业链上、中、下游协同发力，运营商不断拓展 5G 网络的技术服务，设备厂商则提供各种新型硬件支持。主流媒体也在进行许多新探索，并形成大量的落地案例，从而促进了行业生态体系的发展。

5G、4K/8K、VR 等高科技元素越来越多地应用于重大活动，极大地增强了媒介受众对于重大活动信息的观看体验，并带来了显著的传播效果。中央广播电视总台持续应用创新科技为观众呈现别样盛宴。例如，2023 年春节联欢晚会大量运用 4K/8K、AI、XR 等新技术，通过春晚，我们可以看到中央广播电视总台构建"5G+4K/8K+AI"战略格局的丰富成果。

经济日报社强化深度融合发展理念，坚持报、网、端、微、视一体发展，不断拓展传播渠道、丰富传播手段，使融合发展的方向更加精准、重点更加突出、力量更加集中、效果更加彰显。比如，搭建的中经云端平台，形成以云导播、云直播、云采访等技术为核心的直播业务能力，成为可视化、移动化、交互式的新闻生产基础平台。依托中经云端的新闻生产制作能力，中国经济网开发了独具特色的VR全景新闻产品，在上海进博会、北京世园会、北京服贸会等多项大型活动中成功应用。

二、利用5G加快推进新型主流媒体建设的思考

蓬勃发展的5G为媒体融合创新发展提供了丰厚土壤，利用5G技术加快推进新型主流媒体发展，是适应新阶段新闻传播需求的必由之路。

《5G应用"扬帆"行动计划（2021—2023年）》提出，开展5G背包、超高清摄像机、5G转播车等设备的使用推广，利用5G技术加快传统媒体制作、采访、编辑、播报等各环节智能化升级。推广高新视频服务、推动5G新空口（NR）广播电视落地应用，提供广播电视和应急广播等业务。开展"5G+8K"直播、"5G+"全景式交互化视音频业务，培育360度观赛体验，结合2022年北京冬奥会和

冬残奥会等重大活动，推动5G在大型赛事活动中的普及。① 这些要求，明确了5G与媒体融合的重点方向，媒体需要结合自身实际，推进应用落地。

其一，迎接挑战，推动深度变革。5G技术是新闻媒体发展的重要手段，而5G规模应用则是当前新闻工作所必须面对的传播环境。充分利用5G技术构建全媒体传播体系是媒体当前必要的战略选择。在"5G+"融媒体发展过程中，融合不仅体现在形式和硬件上，更重要的是在平台、生态和机制上进行。作为传统媒体，需要弥补技术短板，建立一支高度适应"5G+"融媒体发展的采编人才队伍。这支队伍需要在理念上具有高度敏感的融媒体意识，并能够快速适应新的传播形势，把握新的传播规律，勇于求变，不惧变革。同时，传统媒体必须打破原有的工作体系格局，建立多种载体、多种形式、多种渠道的全媒体体系，加快采编流程变革，建立更加适应5G环境的快速反应机制。

其二，转变认识，扩展双向传播。在5G时代，用户对信息获取和使用的个性化需求愈发强烈，对新闻传播有更多独到的见解。传统媒体必须秉持强烈的用户意识，深入了解、理解用户需求。5G技术的应用，结合人工智能和大数据等技术的融合，将推动新闻媒体在内容生产和传播方面更加精准，从而提高用户对媒体的黏性。同时，通过创新的互动传播方式，实现及时互动，建立良好的反馈机制，拓展

---

① 中华人民共和国工业和信息化部网站：5G应用"扬帆"行动计划（2021—2023年）[R/OL].（2021-07-12）[2023-05-30]. https://www.miit.gov.cn/zwgk/zcwj/wjfb/txy/art/2021/art_ 8b833589fa294a97b4cfae32872b0137.html.

信息的双向传播渠道，让用户不仅是新闻的受众，也成为新闻的生产者和传播者，从而扩大新闻视野和产品传播力。

其三，突出优势，做技术的"主人"。进入5G时代，万物互联、万物皆媒的趋势逐渐显现，新闻权威性的价值愈发凸显，这也正是主流媒体的优势所在。因此，作为传统媒体、主流媒体，既要积极拥抱新技术，又不能盲目跟随技术潮流，失去自身属性和特色。要坚守正确的政治方向、舆论导向和价值取向，注重深度报道，呈现出独特的新闻视角，让读者发现价值所在，进一步扩大主流媒体的发展空间，巩固壮大宣传舆论阵地。

第三节　人工智能引发媒体生产新思考

2023年，对于人工智能而言是具有重要意义的一年，以自然语言模型为应用突破的人工智能技术，在写文章、做翻译、制图像等方面有着人们意想不到的能力，其效率之高，将极大改变读者获取新闻和信息的方式。

实际上对媒体而言，人工智能技术应用并非一个新课题，经过多年发展，人工智能技术已经渗透到新闻业的各个环节，促使新闻业不断转型升级。在这个动态发展过程中，媒体要利用好新技术，生产出更多创造性的新闻产品，再造新闻生产流程，同时规避、减少技术带来的负面影响，更好地实现人机协同。

一、人工智能在新闻生产中的应用探析

随着信息时代的到来，新闻舆论工作面临着越来越大的挑战，需要更加高效、更智能化的技术来应对。人工智能技术，正是能够实现这些目标的重要手段之一。人工智能技术可以通过其快速、准确、自动化的能力，在打造平台、创新产品、服务用户等方面发挥积极作用，为新闻舆论工作带来深层次变革。

总的来看，一方面，人工智能技术可以提高新闻生产效率，比如，通过语音识别提高采访效率；通过自动采集和大数据分析，提高编辑处理和分析信息效率；通过自然语言处理技术，快速生成新闻稿件；等等。

另一方面，可以优化新闻内容和用户体验。通过智能化的"精准画像"，让巨量信息和海量用户进行智能匹配，向用户推荐最需要的新闻内容，实现从"人找信息"到"信息找人"的转变，提高用户的体验和黏性，深度改变媒体与受众的关系模式。

具体而言，人工智能将提高新闻生产全流程的智能化水平。

在新闻策划方面，基于大数据应用的趋势预测性新闻报道越来越常见。人工智能技术通过大数据分析，能够快速发现新闻现象的趋势和规律。通过对新闻内容和用户行为的分析，了解发现新闻中的热点和趋势，发现用户需求的空白和痛点，为新闻选题提供更准确的判断和决策。此外，人工智能还可以利用自然语言处理技术，进行情感分析等工作，及时发现和应对负面事件，有针对性地进行舆论引导。

在新闻采集方面，通过抓取程序，人工智能技术可以更快速、准

确地收集新闻素材，提高了新闻采集的效率和精度。此外，人工智能技术还可以快速处理大量新闻素材，提取出其中的关键信息，为后续的编辑、推荐和分析提供工作基础。

在新闻编辑方面，人工智能技术可以通过自然语言处理技术，快速完成新闻稿件的编辑和排版，替代人工编辑工作中重复性、规律性较强的工作。同时，人工智能技术可以通过自动化程序，对新闻稿件进行分类和归档，方便后续的管理和使用。

在新闻推荐方面，人工智能可以通过分析用户行为和兴趣，优化新闻内容和用户体验。例如，采用推荐算法，智能推荐相关的新闻内容；通过语义分析，帮助编辑更好地理解用户的需求和反馈，优化新闻内容和布局。

在内容审核方面，人工智能技术可以通过图像识别、语音识别等技术，快速检测和过滤不良信息，保障新闻内容健康向上，涵养网络生态空间，弘扬主旋律，壮大正能量。

二、正视人工智能带来的风险与挑战

在数字化时代，人工智能或将成为媒体生产的关键要素，但其在对内容生产、传播格局和传媒生态带来巨大机遇的同时，也带来了一系列的挑战。

首先，如何保证人工智能算法和模型的公正性和客观性。人工智能是个"黑箱"，其复杂性和不透明性远超人们想象，很难确保其算法和模型不会受到人为干扰的影响。因此，加强对人工智能技术的监管和评估，确保算法和模型的公正性和客观性就变得尤为重要。

其次,如何保证新闻的多样性。大数据推荐强化了信息茧房、信息成瘾和信息偏见。受众长时间接受同质化的信息内容,容易形成信息茧房,尤其是当下智能媒体被推荐算法支配,用户只看到自己感兴趣的内容,缺乏对不同观点和立场的了解和接纳。

再次,如何保证新闻的真实性。眼见可为虚,耳听也不一定为实。人工智能大模型拥有强大的信息造假能力,对社会信任带来重大冲击。目前的人工智能技术,可以生成逼真的图像、视频、声音等信息,这种能力可能会被别有用心的人利用。

最后,如何平衡"人机协同"。人工智能强大的能力将提高使用者对其依赖程度,在新闻媒体的工作中,如果采编人员过度依赖人工智能进行采集和处理信息,而忽略其他因素的影响,将导致新闻报道的单一化和浅层化,从而影响新闻的质量和价值。从目前的应用成果看,人工智能确实有能力代替传媒机构的程式化生产,但无法替代事实核查,也无法创造观点和知识。如何更好地发挥人机协同最大效率,需要在具体实践中不断摸索。

三、加快跟上智能时代的对策分析

人工智能治理已成为重要的国际科技竞争力。正如大禹治水,"堵"不如"疏",因此必须要用科技的"善治",推进科技创新;用技术的"善用",推动新闻事业的发展。

首先,要紧跟步伐抓住机遇。主流媒体应该顺应发展新趋势,加入这场传媒业发展变革,根据实际情况尽早熟悉、运用新技术,做好规划,抓住人工智能机遇。我们看到,很多新兴的资讯平台虽然不生产内容，却利用先进技术依托算法拥有着大量流量；我们也看到，层出不穷的新技术给整个行业带来了多种变化。

主流媒体在技术研发能力层面存在短板，要紧跟技术发展步伐，主流媒体可以积极加强与相关科技公司的技术研发合作，可从单独产品项目、新闻生产链条优化升级、扩大产品推广覆盖面等多方面向科技公司借力。同时，主流媒体自身也要加大人工智能自主研发投入，广招技术人才，谋划智能化发展新路径，要有在科技发展道路上不掉队、不落伍的意识，在产品、终端、渠道、人才等多层面工作中予以体现。这样才能将新技术"为我所用"，将主流宣传工作做得更好。

其次，要加快建设智媒体人才队伍。国家互联网信息办公室发布的《数字中国发展报告（2022年）》显示，2022年通信和互联网领域相关专业毕业生人数达159万人，占毕业生总数的15%，在全部19个分行业中位列第一①。数字人才供给能力持续提升。媒体要乘好技术发展的东风，不仅要靠技术本身的发展，也要建强自身队伍，达到媒体与技术、现实与预期的更高程度匹配。

科学技术的不断发展，对媒体从业者的技能水平提出了更高要求，从业者要向成为智能化程度高的记者、编辑努力。整个报道团队也要提升智能化水平。

主流媒体工作人员的新闻生产理念要由单一转为多元，提升创新意识，适应新背景下提出的新要求。编辑人员不仅要考虑文稿、视频等产品的生产，还要紧跟媒体发展新趋势，提升媒介素养，多元地面

---

① 中国网信网：国家互联网信息办公室发布《数字中国发展报告（2022年）》[R/OL]. (2023-05-23) [2023-05-31]. http://www.cac.gov.cn/2023-05/22/c_1686402318492248.htm.

对每个工作中遇到的新闻产品。

新闻生产方式向信息化迈进。在人工智能等新技术改造下，新闻生产流程十分迅捷，不仅在信息素材整理和加工过程中速度快、产出内容多，还能够为编辑人员提供很多数据和趋势性判断内容。因此，编辑要熟悉新技术新手法，让更多高新科技"为我所用"。

拓宽人才引进渠道。如何补齐"高精尖缺"人才短板，是不少媒体面临的难题。各媒体可拓宽渠道，重点引进紧缺人才，在评价方式、待遇水平等方面给予更多倾斜，让刚需的人工智能人才来得了、留得住、用得好。

优化人才培训体制。各媒体要从自身已有员工实际情况出发，科学、与时俱进地优化、调整人才培训体制机制。创造条件激励已有员工自我快速提升。通过与科技公司交流、集中授课、为有需求部门配备先进技术等方式方法提高工作人员的"智媒"水平。

主流媒体要加强员工的技能培训，提高采编人员对人工智能的认识，加深他们对人工智能技术的理解，从而促进工作人员之间、人与技术之间的协同工作能力。

最后，推进人工智能可管可控。智能技术不断发展和应用带来的负面影响——隐私受侵害、陷入"信息茧房"、落入算法"黑箱"等需要解决。通过建立信息管理制度，对信息加工过程、相关机构等的计划、组织、协调，可以实现对人、信息、技术、媒介等多种因素进行科学统筹，以保障信息资源合规合理开发利用。

在智能媒体的风控实践方面，媒体有很多尝试。2021年，中共中央宣传部等五部门联合印发的《关于加强新时代文艺评论工作的指导意见》指出，健全完善基于大数据的评价方式，加强网络算法研究和引导，开展网络算法推荐综合治理。①

2022年，我国数字安全保障体系不断完善，《网络安全审查办法》修订出台，推动30项网络安全国家标准相继出台。不仅如此，同年，深圳制定实施了我国第一部人工智能产业专项立法——《深圳经济特区人工智能产业促进条例》，其他地方也在制定有关条例。

国家网信办联合国家发展改革委、教育部、科技部、工业和信息化部、公安部、广电总局公布了《生成式人工智能服务管理暂行办法》，自2023年8月15日起施行。该办法提出，提供和使用生成式人工智能服务，应当遵守法律、行政法规，尊重社会公德和伦理道德。

随着人工智能等新技术的快速发展，应用过程中产生的影响也越来越大，有关部门还需继续完善相关法律法规，分清楚各个阶段的权责关系，规范信息采集和隐私保护，对算法的监控、对生成式人工智能的管理也要进行更深入的研究。

人工智能给新闻媒体带来了机遇和挑战，在享受高效率、多形式等优势的同时，媒体也应辩证地看待新技术发展带来的变化，从实际出发，用好技术，努力创新产品，扩大传播声量，在日新月异的媒介生态环境中不断取得更好发展。

---

① 李欣，李炜娜，杨东伟. 新型主流媒体传播力研究［M］. 北京：人民出版社，2022：224.

第四节　加快完善智慧全媒体传播体系建设

新一代信息技术的核心关键词之一是"智",如何让智能技术应用更加"智慧",是媒体抢占信息传播制高点的重要方向。

近年来,媒体机构向着数字化、一体化、网络化发展,不断向新兴技术探索的趋势非常明显。媒体的智能化发展已经成为主导形态。对新兴技术运用的能力、对网上舆论传播规律的把握成为各媒体竞技的新赛道,媒体要主动识变、应变、求变,加快完善智慧全媒体传播体系建设。具体而言,可从以下四个方面继续发力。

首先,完善生产系统。目前应用较广泛的智能媒体技术有机器人写作、无人机、物联网、VR、AR新闻、大数据和云计算等。我国的头部新型主流媒体与互联网商业平台是智媒生态中的关键力量。在这样的科技发展环境下,人工智能极大延展信息采集维度,为新闻采编人员提供耗时少、价值较高的新闻线索。

比如,《人民日报》的"创作大脑"就是由百度公司提供技术支持,由人民日报智慧媒体研究院研发而成的。其具备直播智能拆条、图片智能处理、可视化大数据等重点功能,覆盖全媒体业务的各个场景,为生产出更加"智能"的产品提供便利。

其次,强化数据系统。随着科学技术的不断发展,媒体对数据的应用发生了极大的变化,在传统媒体的内容生产环节,数据一般是采集抽样样本,然后通过统计学方式推及总体算出结果,这种采集处理方式是无法避免偏差因素的。

如今的大数据来自贯穿全过程的记录，而不是抽样采集。在读者阅读新媒体内容的过程中，只要使用这个平台进行了交互应用，这些信息就被大数据记录下来。用户点击了哪些信息、浏览时长是多少、转评赞情况如何等信息都是数据。

因此，从数据来源看，如今这种"伴生"记录下来的数据是更加真实的，比传统数据处理方式产生的偏差小。例如，通过使用 RSS 数据接口技术，很多传媒集团集聚了自己的多个媒介原创资源，实现共享共用和分发。具体实现方法是统一入库、一键分发，还与各第三方平台的 RSS 数据接口匹配，实现多家第三方平台数据对接后，内容按需分发。在这样的实际应用中，媒体节省了人力、扩大了声量、提高了读者触达率。

再次，优化分发系统。智慧全媒体传播体系强化了媒体与用户的连接，要进一步用主流价值观驾驭"算法"，通过"用户画像"，然后实施智能分发和算法推荐，让主流媒体的内容推介更精准，在传播好主流声音和服务好读者之间，架起更畅通的无形桥梁。精准有效的传播可以提高用户触达率，提升新闻产品的到达率，媒体本身的影响力和媒体的舆论引导力也会随之提升。

最后，丰富产品系统。要善于开发全媒体产品体系。传统媒体产品注重的是版面、节目和栏目，而全媒体产品要求"一源多发"，一个内容多次导流，除了传统的新闻产品，还需要不断向微电影、互动游戏、文旅场景等产品线扩展。这就要求媒体不断提高本领，满足网友多元化需求。

例如,央视新闻发布系列微视频《开局之年"hui"蓝图》,通过成熟的 AI 模型智能绘制艺术图片、虚拟主播"央小新"的出镜和全程语音讲解,带领观众快速穿梭于现实与虚拟、当下与未来之间,实现了丰富的用户视觉体验和提高媒体生产效率的双重效果。

第九章
网络治理创新的实践探析

互联网是新闻生成、传播的重要平台，是我们探索传播新范式、提高传播能力现代化水平的主阵地、主战场。

从个人层面讲，身处信息时代，人们能够强烈地感受到网络对社会发展起到的推动力，网络与人们实际生活的方方面面相关联，正在通过巨大的能量改变世界，也让人们产生了越来越深的依赖。我国网民总量多、规模大，享受清朗、安全网络空间是大家共同的需求和美好愿景。

从国家层面讲，经过 30 年左右的发展，中国已经跻身世界网络大国行列，正在向网络强国迈进。网络综合治理能力是构成国家治理能力的重要部分，也是体现国家治理体系和治理能力现代化的重要标志之一。

第一节　网络治理的实践概览

从网络环境上讲，在当今社会，互联网是影响当代中国的最大变量，网络的新闻传播工作是宣传思想工作的重中之重，提升网络治理能力是当前网络社会发展的迫切要求。做好网络治理,能够为网民提供风清气正的网络空间、健康良好的网络秩序,更好地保障网民的网络权益,凝聚积极向上、向善向好的价值共识,为我国经济文化发展提供良好的整体氛围。

从治理必要性上讲,面对云谲波诡的国际形势和大环境,维护我国的网络主权、主流意识形态在网络中的地位,从而提升整体的国家治理能力任重而道远。

网络治理是一项极其复杂的大工程,需要各方积极参与,通力合作,提升主体责任与担当,才能实现治理目标。

一、多方协同发力的治理要求

"由计算机或者其他信息终端及相关设备组成的按照一定的规则和程序对信息进行收集、存储、传输、交换、处理的系统。"这是《中华人民共和国网络安全法》中对网络的定义。在计算机技术和各种信息技术的不断发展中,网络的功能在不断强大。

全球范围内的计算机与网络互相连接形成的传递信息的网络就是具有开放性、全球性、虚拟性、平等性、互动性的互联网。互联网推动着社会的各个领域发生着急剧变革,给社会发展带来了新空间、新机遇,同时也在经济、社会、文化等领域产生了深刻影响。正如那句人们熟知的外国谚语"每个硬币都有两面性",不断发展的互联网因其特性和功能,给人们带来更多便捷,也带来了管理的难度。

联合国互联网治理工作组对"网络治理"所下的定义是:"网络治理是政府、社会组织、社会公众从各自的网络管理目标出发,通过基本制度、运行原则、工作准则、应急方案等保证互联网实现规范化发展。"①

由于网络用户存在于社会的各种层面、各个领域,仅靠政府、行业、企业、网民自身等主体的任何一方或多方,都没有办法解决问题,实现较好的网络治理。因此,就要求各方主体能够全面参与,共同承担网络治理这项工作,通过综合运用法律、新技术、行业监督、网民自律等多种方式方法来进行多方投入的平行管理。

文化和谐,社会才能和谐,因此,实现网络文化和谐是社会和谐的重要保障。正如有学者所言:"高水平的技术需要高层次的情感进行协调,我们应该在技术的物质性与人的精神性之间找到平衡点。"②

由于网络平台带给网民社交性和相对的身份隐蔽性,技术衍生品生产门槛低,流动性、互动性强。一旦其内容脱离了人民立场,偏离了先进性导向,就会给网络生态、网民价值观念,甚至国家意识形态安全造成威胁。

因此,为了保障互联网空间的良好秩序和健康发展,必须加强网络治理工作,特别是网络文化安全治理工作。在网络治理中,政府要起到主导作用,做好引导和协调,在充分尊重互联网和社会发展规律的基础上,与各网络主体配合做好网络治理工作。

解决网络文化乱象问题,还需要从多个方面入手。首先,要加强对境外势力渗透的防范,遏制其对我国网络安全的威胁。其次,要加

---

① 梁松柏. 网络综合治理研究 [M]. 北京:人民出版社,2022:27.
② 张跣. 重建主体性:对"网红"奇观的审视与反思 [J]. 中国青年社会科学, 2016,35(6):1-7.

强对网络文化的引导和规范，推动网络文化向积极健康的方向发展。同时，要加强对网络文学、影音和直播等内容的管理，遏制肤浅粗俗、媚俗擦边内容的传播。此外，还需要加强对网络用户的教育，引导网民积极参与网络治理，树立正确的网络价值观。

二、更好利用网络益处和消弭负面影响的治理手段

良好的网络秩序是所有领域正常运行的前提，如何最大化享受互联网带来的益处、消除随之而来的负面影响，实现扬长避短，是网络治理需要解答的问题。

做好网络治理，是坚持以人为本理念的结果。通过系统作业，让网民都能够享受到互联网发展的红利，调动网民的积极性与创造力参与网络治理，同时又让每个人都享受清朗的网络空间。从网络治理主体来讲，网络治理工作突出普通网民和企业的重要性，也是实践以人为本理念的直接体现。通过各方努力，营造安全、公平、有序的网络环境，让全体人民享受到互联网技术给大家生活带来的便利。

做好网络治理，是坚持公平正义的结果。人类社会不断发展，也不断在追求着公平与正义，在网络治理方面亦是如此。大到相关法律法规立法、执法、司法等环节，小到网民上网时经历的与平台的联系、流程，都需要保证形式正义和实质正义，共同营造良法善治的风清气正的网络空间。

三、充分尊重发展规律与创新管理模式的治理路径

网络综合治理既要充分尊重互联网发展规律，又要坚持依法治

理、分类施策、科技兴网的思路。具体来说，需要做到以下几点：

依法治理，加强法治建设。要强化互联网领域的法治建设，完善法律法规和规章制度，加强执法监管，严厉打击违法犯罪行为，维护网络安全和公共秩序。

分类施策，因地制宜。要根据不同地区、不同行业、不同领域的实际情况，因地制宜、分类施策，采取针对性措施，增强网络综合治理的精准性、有效性。

科技兴网，创新治理模式。要充分发挥科技在网络治理中的作用，推进技术创新，开发应用先进技术，建设智慧城市、智慧社区，创新治理模式，提高治理水平和效率。

此外，在网络治理的具体实践中，需要把握以下特点：

其一，网络治理要注重协同性。协同性是针对网络治理主体的关系而言的，无论是政府、企业还是网民，网络治理主体之间在统一领导下合作共治、共享共赢，一起助力网络健康发展，又都从中受益。通过资源的最大限度整合，各部门的协调能力得以提升，社会力量也能积极参与，是一种多利益攸关方的治理模式。在保障网络秩序的同时，维护了主流传播格局，推动了健康向上网络风气的形成。这都是网络治理协同性的多面体现。

其二，网络治理要关注多维性。打造清朗的网络空间，需要从治理空间维度、网络治理主体维度、治理手段维度等多维度入手。治理主体是多维的，治理手段也是多维的，包括经济、法律、技术手段等，在整个系统工作过程中，要将多维度相融合。

其三，网络治理要强调系统性。网络治理是一个完整系统，包括网络治理的整体规划、政策制定、具体执行、成果监督等部分。在具体实施过程中，既要有效地做到风险预警，又要在出现问题时及时、规范、有效地妥善处理。网络治理要遍布网络内容生产的全过程中，在系统的分工与合作中完成网络综合治理。

第二节　创新网络治理的实践成果

"虚拟"与"现实"是互联网中相对存在的两种形态，这两种形态是相互连接作用的。现实生活中发生的事情会在网络上迅速传播，网络上的一些价值观或想法，也会在网民的实际生活中得以实践。网络世界是现实世界的延伸，能够反映现实世界并作用于现实生活。

在这个背景下，我国形成了协同治理、虚实结合的网络治理模式，通过政府管理、企业尽责、网民自律、社会监督等多主体共同参与，探索出了效果好、效率高的网络治理实践路径。

一、推动网络治理法治化进程

互联网的高速发展已经改变了人们的生活方式和社会结构，也给网络治理带来了前所未有的挑战。面对这些挑战，我们需要不断推进网络治理的法治化进程，加强法律法规的建设和执行，提高网络治理的规范化和科学化水平。这是我们当前所面临的一项重要任务，也是我们对于未来网络发展的必要选择。

党的十八大以来，党中央重视互联网、发展互联网、治理互联网，统筹协调涉及政治、经济、文化、社会、军事等领域信息化和网络安全重大问题，做出一系列重大决策、提出一系列重大举措，推动网信事业取得历史性成就。①

第一，完善法律法规。互联网绝不是法外之地。党的十八大以来，我国加快了网络立法进程。目前，我国网络法律体系已基本形成，对网络技术、网络内容等方面做出明确规定，为网络治理奠定了良好基础。

网络技术层面，我国出台了相关法律保护网络信息基础设施安全。例如，2016年通过的《中华人民共和国网络安全法》、2021年通过的《关键信息基础设施安全保护条例》、2022年实施的《网络安全审查办法》等，共同构建起了保护网络信息基础设施的制度体系。

网络内容层面，党的十八大以来，我国围绕网络数据、网络内容开展了很多立法工作。《网络信息内容生态治理规定》等明确了各方义务和责任，界定了网络内容生态治理的范围。在数据和个人信息安全等方面也有《中华人民共和国个人信息保护法》等立法保障。

网络安全方面，《数据出境安全评估办法》的出台，体现了我国积极推动相关立法规范数据跨境流动的举措。《中华人民共和国反电信网络诈骗法》等法律的实施，能够预防、遏制、惩治电信诈骗，保护公民合法权益，维护社会和国家的安全有序。《关于规范网络直播打赏 加强未成年人保护的意见》则是为了规范网络直播行业，给未成年人营造健康向上的成长环境。

---

① 习近平新闻思想讲义（2018年版）[M]. 北京：人民出版社，学习出版社，2018：113.

第二，开展专项行动。"清朗"系列专项行动，是国家互联网信息办公室部署开展的维护网民合法权益、建设美好精神家园的专项行动。专项行动开展以来成果显著，有力地促进了网络平台健康环境的保持。

2023年5月27日，国家互联网信息办公室发布了"清朗·从严整治'自媒体'乱象"专项行动的阶段性成效——3月10日至5月22日，重点平台累计清理违规信息141.09万余条，处置违规账号92.76万余个，其中永久关闭账号6.66万余个，对外发布公告110余期，有力地震慑了"自媒体"违法违规行为。①

同时，中央网信办持续把整治"自媒体"乱象作为工作重点，加强日常监管，保持严管态势，从严查处"自媒体"违法违规行为，依法处置问题突出、整改不力的网站平台。

二、引导网民树立正确的价值观

互联网环境下的传播生态有移动社交传播速度快、影响面大、传播方式多样等新特点。想要在做好网络治理工作基础上构建主流传播新格局，就必须懂得、尊重互联网的传播规律，充分把握住互联网这个宣传主渠道、主阵地、主战场，掌握网上宣传工作的管理权、话语权。

互联网空间是一个人们共享的精神家园，其环境的清朗程度直接

---

① 中国网信网："清朗·从严整治'自媒体'乱象"专项行动取得阶段性成效[R/OL].(2023-05-27)[2023-06-03].http：//www.cac.gov.cn/2023/05/27/c_1686747724239100.htm.

影响着每一位网民的精神面貌和价值观。因此，在推动网络治理工作的过程中，我国充分发挥媒体的宣传引导作用，特别是主流媒体在引领社会舆论导向、弘扬核心价值观、宣传正能量等方面愈发有作为。

当前，主流媒体也在推动网络治理工作中发挥更加积极的作用：通过报道网络安全事件、揭露网络违法犯罪等方式，引导公众以正确的观念对待网络空间，增强网络安全意识和法制观念。此外，主流媒体通过开展专题报道、推出相关节目、举办论坛等形式，促进网络治理工作的深入开展，推进网络治理事业的发展；创新表达形式，做好重大主题宣传，形成了强势的正面舆论基本面；用鲜活生动的表现形式阐释国家大政方针；深入挖掘和报道生活中的社会正气、文明新风等。

《光明日报》的评论《躺平不可取》《躺赢不可能》《奋斗正当时》，用鲜活的语言、透彻的说理与网友"挑明了说话"，干脆真诚，用身边的事、父母的事从共情到说理，最后运用互联网的开放空间扩大宣传，与网民进行深度互动，不仅收到了很好的传播效果，还起到了让网络环境更清澈的作用。

人民网推出的短视频专栏《人民现场》也是主流媒体权威发声的接地气的作品之一，栏目结合热词、热点，将离网友生活相对较远的国台办、商务部等部委的新闻发布会，利用竖屏拍摄方式轻量化、放大细节地推出，第一落点释放权威声音，成了网络热搜的常客，受到网友关注。

2020年湖北广播电视台综合频道和长江云客户端推出的理论故事节目《是这个理》，通过接地气的拍摄制作，讲述老百姓身边的故事，用网友最感兴趣、最易接受的形式讲述党的创新理论。节目在典型故事中让网友产生生活共鸣，感受新思想的历史温度，以事释理、以情动人。

三、促进网络平台企业行业自律

网络平台是网络信息发布、传播等服务的提供者，只有网络相关企业做到自律，承担起应负的责任，对网络文化乱象从信息源头开始治理，在企业、平台建立健全内容管理制度，在信息发布前对内容进行更妥善的审查，才能减少网络空间里的失范行为，推动网络行业健康发展。

腾讯、百度等大型网络平台积极响应清朗专项行动的部署，对"饭圈"乱象、网络炫富、虚假消息等突出问题进行专题整治，封禁问题账号，为营造风清气正的网络空间做出平台应有的贡献。

中国互联网协会也充分发挥了行业自律的作用，不仅促进了网络企业各个方面的发展，还在维护合法权益、拓宽交流合作等多方面做出了贡献。

第三节 完善网络治理的思路与对策

我国网民规模庞大，在带动网络经济发展的同时，也给网络安全和网络治理带来了更大挑战。为了从网络大国成为网络强国，我国进行了很多实践，也总结出了很多思路与对策。

一、以法治化保障多方协同共治

全面推进依法治国是我国的重要战略。依法治网是我国法治建设的重要组成部分,用法律武器打击网络失范行为,整治网络文化乱象,可以为主流传播新格局的形成保驾护航。我国网络治理法律体系不断完善,让网络治理实施过程中有法可依、依法追责,对违反法律的行为坚决打击,有利于良好网络秩序的维持。

网络治理需要建章立制、依法治理。我国的网络治理法律法规尚需进一步完善。法律法规是实施网络治理的理论依据和制度支持,有法律支撑的网络空间才是安全有序的。

创新是互联网时代的显著特征,网络综合管理机制也要与时俱进,不断创新。只有在实践中与时俱进地不断优化网络治理顶层设计,增强机制应对具体情况的实效性、准确性,才能更好地统筹社会力量,实现网络治理工作的综合共治。

优化网络治理顶层设计还要注意网络治理的预判、分析和引导方面工作的完善。如果能够加强预警防控方面的建设,就可以在舆情事件发生前辨别出网络信息可能出现的恶劣影响,及早应对。

通过完善法律体系,可以通过立法明晰网络治理中的权责体系,让众多参与者能够依法办网、依法上网、依法管网。通过明确的法律法规条文,明确网络企业、行业、网民等在网络中的权利和义务。让互联网技术服务商、线上平台等企业遵守明确的网站管理规定,强化其法治观念,提升企业行业自律水平。让网友在虚拟的网络身份下不做违法乱纪的事,提升信息安全意识、遵纪守法意识和自律意识,依法上网。让网络治理工作有法可依，有法必依，执法必严，违法必究。整体呈现出管理明确、行业自律、网友监督的高效网络治理局面。

二、持续提升网络治理权威公信力

政府在整个国家的网络治理工作中起主导作用，负责制定相关政策、安排层级落实，承担监督等工作。政府要牢牢把住意识形态方面的主导权，建立健全网络治理体制，为网络信息技术发展营造更好环境，推进基础设施的建设，提升网络治理权威公信力，通过政策的颁布与实施提升网络治理的整体能力，创新治理方式，打击网络犯罪、解决网络纠纷、繁荣主流价值观下的网络文化作品市场。

从网络治理体制方面讲，政府应建立健全网络治理体制，加大管理力度，完善法律法规，使得各部门能够守土有责、守土负责、守土尽责，分工明晰，完善政府领导体制，保证网络治理管理的真正实施力度和效果。网络治理工作说到底还是"人"的工作，需要足够专业的高水平管理队伍具体实施，让政策法规举措等落实起来"不打折"。

从创新政府治理方式方面来讲，顺应网络发展的大趋势，政府的管理方式也要积极更新，力求各类规章制度能够覆盖到互联网的整个领域，并尽可能细化对应的治理方式。

三、不断优化健康良好网络生态环境

推进网络文化健康发展，弘扬主流价值观工作需要做在前面。做好网络治理工作，要牢牢把住意识形态的话语权。在网络上，我们应通过各种媒介和技术方法，扩大社会主义意识形态的影响力。要以更加丰富和接地气的方式做好社会主义意识形态内容的传播，加强网络舆论引导工作，完善预警机制，在处理谣言、虚假信息时，能够及时澄清谬误、激浊扬清。

要不断推广主流文化和传递正能量，通过多种渠道实施宣传工作。应借助新媒体和新技术，在传承并弘扬中华民族传统文化的同时增强网民的文化自信和制度自信，创造健康的网络文化环境；要积极探索和利用各种途径，如社交媒体、网络直播、在线教育等，传递正确的价值观和文化理念，营造健康、积极、向上的网络文化氛围。

要引导网民树立正确的观念，提高网络安全意识和社会责任感。做好网络相关法律法规的宣传，让网友在日常生活中能够轻松分辨出谣言、煽动情绪的虚假信息，明确看出哪些是网络失范行为，在思想上始终遵守网络秩序，做符合社会主义核心价值观的行为。完善网络平台举报功能，鼓励网民自觉履行网络治理责任，对违法犯罪、违规营销、不实信息等内容予以举报，提升网民积极性，共同维护积极向上、向好向善的网络空间。

四、继续完善行业及平台的社会责任

在"多中心"的网络治理领域，行业自律是十分重要的治理方式。网络平台作为网络治理工作的前线和一线，拥有极大的责任和使命。如果网络平台能够监测好实时动态、提升治理能力，使其平台合规运行，就能够为营造良好的网络环境贡献重要的力量。

行业自律不仅是网络平台自身发展的需要，更是整个网络治理体系的需要。网络平台需要加强自身的内部治理，建立有效的监管机制，掌握并运用科技手段，及时识别和处理违规行为，保障公共利益和社会稳定。对自身经营行为负责，是每一个网络平台应该做到的基本要求，网络平台的责任、法治意识是否强，对网络信息传播生态起到十分重要的作用。网络平台企业及行业应该有正确的价值共识，鼓励正能量的内容广泛传播，对负面的、不健康的内容等，要通过健全的审核监督机制"捉虫"找出，促进网络平台及行业实现高效的自我管理，为广大网民营造澄澈的"冲浪"环境。

此外，网络平台的合规运行离不开用户的积极参与和监督。网络平台应该借助用户反馈机制，及时了解用户的需求和意见，并采取相应的措施。网络平台还应该开展相关的培训和宣传，提高用户的网络素养和知识水平，使用户能够更好地维护自身权益，同时也能够更好地参与到网络治理中来。

网络平台作为网络治理工作的前沿阵地，应该加强自身管理，积极履行社会责任，与政府、用户、社会组织等各方合作，共同推进网络治理事业的发展。

五、增强网络治理智能化水平

技术创新指的是一种通过改进现有技术或者引入全新技术来达到创造新产品、服务或者新生产方式的过程。在网络综合治理方面，技术创新能够为网络综合治理提供强有力的支持，使网络综合治理更加高效和智能化、科学化。

比如，建设智慧型的网络治理系统和网络治理平台是提高网络治理效率的重要手段。通过智慧型系统的建设，能够实现对网络环境的全面监测和管理，及时发现和处理网络安全问题。网络治理平台的建设则可以为网络治理工作提供更加便捷和高效的工具和手段，让网络治理工作者能够更好地开展工作。

同时，网络治理层面的技术一定要坚持自主创新，把核心技术握在自己手里。但自主技术创新不意味着单独作战，要加强国际交流学习，更高效更快速地取得更多进步，服务于我国网络信息技术和网络治理技术。

后　记

自从党的二十大报告提出"加强全媒体传播体系建设"的重要任务开始,我们就开始构思这本书,试图为剖析这个重要任务提供一个具有较强实践性的视角。在长达半年的筹备中,我们阅读了大量文献和政策文件,参考了许多媒体的实践工作,从中获益匪浅。最终,我们从中国式现代化的五个特征出发,瞄准"物质文明和精神文明相协调的现代化"的重要论断,试图从"传播能力现代化"的角度,解读"加强全媒体传播体系建设"的历史性任务。

万政提出了本书整体框架,并就研究背景、内在要求和实践探索等方面做了较为详细的分析,撰写了前言以及第一、二、三章,计4.1万余字;闫伟奇主要聚焦媒体的工作,就构建新型主流媒体、统筹不同媒体的关系以及实践过程中文化作用力进行了较深入的研究,撰写了第四、五、七章,计3.6万余字;于浩重点关注互联网的内容建设、技术应用和综合治理,撰写了第六、八、九章,计3.6万余字。

当然,一本10余万字的书不可能穷尽"传播能力现代化"的所有理论与实践,"传播能力现代化"还需要更多的探索与努力。最后,愿与广大从业者共勉。